英語クイズ&パズル&ゲーム70

石戸谷 滋・真鍋 照雄 著

黎明書房

はじめに

　初級から中級程度の英語の授業にクイズやパズル，ゲームなどを積極的に取り入れる教師が増えていますが，その「クイズ，パズル，ゲームによる英語の授業の活性化」をテーマに編集されたのがこの本です。教師が問題を読み上げて生徒に正解を当てさせるクイズ，生徒に配って復習させるパズル，そして英語を使いながら楽しむゲームなど，盛りだくさんです。

　ゲームやクイズ，パズルなどを授業に利用する場合，「楽しいけれど，あまり勉強にはならない」ものと「学習の手助けにはなるけれど，あまり面白くない」もののどちらを取るかで悩むこともあると思います。その場合は「楽しい授業ができればそれで十分」をモットーにすることをお勧めします。ゲームを進めながら学ばせようという教師の「下心」が強すぎると，生徒たちはしらけます。むしろ「今日は勉強はひと休み。私も一緒に楽しむことにします！」という姿勢が重要です。クラスの生徒たちは教師の気持ちをとても敏感に感じ取るものです。

　この本は，クイズにしろ，パズルにしろ，ゲームにしろ，その多くが「コピーすればそのまま授業に使える」ようにつくられています。けれども，パズルやゲームの楽しさには，それをつくったり準備したりすることも含まれます。とくにクロスワードパズルは，つくること自体が1つのパズルで，独特の楽しさ（そして苦しさ）があります。とても時間がかかりますし，なかなかつくりづらいものです（初級者用のものほど，使える単語が限られ，つくるのはむずかしくなります）が，ぜひ挑戦してみてください。

　また，本書に紹介したゲームを，さまざまにつくり変えてみることをお勧めします。つくり変えるうちに，もとのものとはかけ離れた，より面白いゲームができるかもしれません。自分で工夫したゲームを初めてクラスで試すときのワクワク感をぜひ味わってみてください。待ち遠しくて，職員会議などうわのそらになるかもしれません。

　一方，この本は，パズルとクイズに関しては，学習者個人が利用できようにもなっています。パズル編では授業で学習したことを楽しみながら復習できますし，クイズ編で雑学を仕入れ，クラスメートの鼻を明かしてやるのも悪くありません。また，ゲーム編の「落とし穴ゲーム」は少人数でもできますので，友だちと楽しんでください。

著　者

この本の使い方

　この本は，クイズ編，パズル編，ゲーム編の3部に分かれています。以下，この3つを順を追って説明します。なお「クイズ」と「パズル」には厳密な違いがあるわけではありません。この本では，答えを書き込んだり正解を選んだりするものを「クイズ」，ひねりやしかけがほどこされたものを「パズル」と呼んでいます。

I　クイズ編

　27のクイズからなっています。出題者が問題を読み上げて解答者に答えを出させる，というのがクイズの基本的な形式ですが，この本では前半の12は書き込み式になっています。最初の7つはとくに初級者のためにつくられた「単語の読み方」のクイズです。英語の単語にも一定の読み方のパターンがあること理解させるのに役立ててください。次の5つは中学2，3年程度の内容の「単語クイズ」で，すでに学習した単語を整理するのに役立つと思います。

　後半の15は3択（3つの選択肢から正解を選ぶ）形式の「セーノ・ドン」クイズです。授業に用いる場合は，教師が読み上げて生徒に正解を選ばせ，ゲーム形式で楽しむことができるように編集されています。テーマは，最初は口語表現ですが，後半に進むにしたがってことわざ，和製英語，語源など，いわゆる英語の「雑学」に関するものが増えていきます。これらの「雑学」は，勉強のためというより，息抜きの材料と考えてください。もちろんこれらをコピーして配り，各自に解かせることもできますし，学習者が個人で取り組むこともできます。

II　パズル編

　7種類25のパズルからなっています。内訳は「ジャンブル」2，「しりとり」2，「クリスクロス」5，「クロスワードパズル」7，「迷走パズル」2，「あみだパズル」3，「ワードサーチ」4です。学習内容は，中学校のテキストの進行に合わせて，初級から現在完了形までを扱っています。パズルを楽しみながら授業の復習ができるようになっていますので，学習者が個人で使うこともできますし，コピーすれば授業で使うこともできます。なお，授業で使う際，パズルの中にまだ学習していない単語が出ている場合は，教師が注を書き加えてからコピーする，という形をとることができます。

III ゲーム編

　18のゲームからなっています。20～40人のクラスで英語を使ったゲームをする，という想定のもとにつくられています。トランプやカードを使うゲーム（ダウト，反対語神経衰弱），全員が歩き回っておこなうゲーム（金魚のフンゲーム，名刺交換ゲーム，Where are you from? ビンゴ，インタビューゲーム），教師対生徒でおこなうゲーム（超能力ゲーム，動物当てゲーム，落とし穴ゲーム），クラスが2組に分かれておこなうゲーム（対語・反対語ジェスチャーゲーム，説明ゲーム），ロールプレイゲーム（オークションゲーム，買いものゲーム）など，さまざまな種類があります。

　おもに英語の授業のために編集されていますが，中にはクラスとは別に少人数で楽しめるゲームもあります（たとえば「落とし穴ゲーム」は2人でも楽しめます）。また，中学校だけでなく，小学校で，あるいは高校で利用できるものも少なくないはずです。全体としてやや複雑なゲームが目立つかもしれませんが，これには単純すぎて教師が飽きる（そしてそれが生徒に伝染する）ことを避ける，という意味合いが込められています。もちろんごく単純なのに飽きのこないゲーム（たとえば「単語しりとり」や「落とし穴ゲーム」）もありますし，「きらいなものはどれ？」のように口頭だけでおこなうゲームもあります。それぞれを状況に合わせて大いに活用し，楽しんでください。

本書に出てくる発音記号について

　ə や *r* のようにイタリック体で表記されたものは，発音してもしなくてもよい，という意味です。このうち ə*r* の *r* は舌先を後方にそらす音をあらわすもので，併記したカタカナ表記では「タァ」などとしました。ただし，カタカナ表記はあくまで発音の要領を示す便宜的なものですから，これに頼りすぎないようにしてください。

　なおアクセント記号は，´が第1アクセントを，` が第2アクセントを示しています。

もくじ

はじめに ·· 1
この本の使い方 ··· 2

I　クイズ編

1　読み方クイズ1 ❋ u の読み方 ·· 9
2　読み方クイズ2 ❋ a ＋子音＋ e の読み方 ··· 10
3　読み方クイズ3 ❋ i ＋子音＋ e の読み方 ··· 11
4　読み方クイズ4 ❋ ee と ea の読み方 ··· 12
5　読み方クイズ5 ❋ oo の読み方 ·· 13
6　読み方クイズ6 ❋ ou の読み方 ··· 14
7　読み方クイズ7 ❋ 読まない字を含む単語 ·· 15
8　単語クイズ1 ❋ 男女の区別がある単語 ·· 16
9　単語クイズ2 ❋ 反対語1 ··· 17
10　単語クイズ3 ❋ 反対語2 ··· 18
11　単語クイズ4 ❋ 学校行事 ··· 19
12　単語クイズ5 ❋ 国と首都 ··· 20
「セーノ・ドン」クイズ解説 ·· 21
13　「セーノ・ドン」クイズ1 ❋ 口語表現1 ·· 23
14　「セーノ・ドン」クイズ2 ❋ 口語表現2 ·· 24
15　「セーノ・ドン」クイズ3 ❋ 口語表現3 ·· 25
16　「セーノ・ドン」クイズ4 ❋ 口語表現4 ·· 26
17　「セーノ・ドン」クイズ5 ❋ 口語表現5 ·· 27
18　「セーノ・ドン」クイズ6 ❋ as～as を使った慣用句 ························ 28
19　「セーノ・ドン」クイズ7 ❋ 動物を使った比喩 ······························· 29

20	「セーノ・ドン」クイズ8❀びっくり読み方1	30
21	「セーノ・ドン」クイズ9❀びっくり読み方2	31
22	「セーノ・ドン」クイズ10❀ことわざ1	32
23	「セーノ・ドン」クイズ11❀ことわざ2	33
24	「セーノ・ドン」クイズ12❀和製英語1	34
25	「セーノ・ドン」クイズ13❀和製英語2	35
26	「セーノ・ドン」クイズ14❀語源1	36
27	「セーノ・ドン」クイズ15❀語源2	37

II パズル編

28	ジャンブル1❀単語とそのつづり1	41
29	しりとり1❀単語とそのつづり2	43
30	クロスワードパズル1❀ヘボン式ローマ字	45
31	クリスクロス1❀代名詞	47
32	あみだパズル1❀文のつながり	49
33	クロスワードパズル2❀3人称単数	51
34	迷走パズル1❀3人称単数など	53
35	クリスクロス2❀can，命令文	55
36	ワードサーチ1❀疑問詞	57
37	クロスワードパズル3❀現在進行形	59
38	クリスクロス3❀There is／are ～	61
39	しりとり2❀単語とそのつづり3	63
40	クロスワードパズル4❀過去形	65
41	ワードサーチ2❀不規則動詞の過去形	67
42	あみだパズル2❀接続詞	69
43	クロスワードパズル5❀未来形	71
44	クリスクロス4❀助動詞	73
45	ワードサーチ3❀形容詞と副詞	75
46	ジャンブル2❀単語とそのつづり4	77

47	あみだパズル3✻不定詞と代名詞	79
48	クロスワードパズル6✻不定詞と動名詞	81
49	ワードサーチ4✻前置詞	83
50	クリスクロス5✻比較	85
51	迷走パズル2✻受動態	87
52	クロスワードパズル7✻現在完了形	89

III　ゲーム編

53	ダウト✻数字	93
54	金魚のフンゲーム✻Are you ～ ?	94
55	名刺交換ゲーム✻My name is ～	95
56	Where are you from? ビンゴ✻Where are you from ?	96
57	超能力ゲーム✻Is it ～ ?	98
58	伝言ゲーム✻文（語句）の理解	99
59	落とし穴ゲーム✻単語のつづり1	100
60	オークションゲーム✻2けたの数字	102
61	買いものゲーム✻I'd like to ～など	104
62	インタビューゲーム✻What do you do in your free time ?	106
63	反対語神経衰弱✻単語の理解1	107
64	対語・反対語ジェスチャーゲーム✻単語の理解2	108
65	きらいなものはどれ？✻don't と doesn't	109
66	単語つなげゲーム✻単語のつづり2	110
67	単語しりとり✻単語とそのつづり5	111
68	Family Tree ゲーム✻単語の理解3	112
69	説明ゲーム✻単語の理解4	114
70	動物当てゲーム✻疑問文のつくり方	115

＊インターネット上での無断使用及び営利目的での無断複製は著作権侵害となります。ご注意ください。

I クイズ編

1 読み方クイズ1

クイズ 🌀 u の読み方

例に示した単語の読み方には1つのパターンがあります。それを見つけて，①～⑭の読み方をカタカナで書き入れてください。

[例]　bus(バス)　run(ラン)　up(アップ)　sun(サン)

① us　　　(　　　　　)　　⑧ must　　(　　　　　)
② cut　　(　　　　　)　　⑨ lunch　　(　　　　　)
③ fun　　(　　　　　)　　⑩ study　　(　　　　　)
④ just　　(　　　　　)　　⑪ under　　(　　　　　)
⑤ club　　(　　　　　)　　⑫ uncle　　(　　　　　)
⑥ much　(　　　　　)　　⑬ summer　(　　　　　)
⑦ such　　(　　　　　)　　⑭ hundred　(　　　　　)

解説

uはローマ字では「ウ」と発音しますが，英語では全体の約3分の2が「ア[ʌ]」と発音します。次いで多いのが「ユー[juː]」と発音する場合(use：ユーズ[júːz], music：ミューズィック[mjúːzik]など)で，「ウ」と発音するのはput(プット[pút]), full(フル[fúl])などごくわずかです。[例]の読み方を発音記号で示すと，bus[bʌ́s], run[rʌ́n], up[ʌ́p], sun[sʌ́n]となります。

解答

① us (アス[əs, ʌ́s])：私たちを
② cut (カット[kʌ́t])：切る
③ fun (ファン[fʌ́n])：楽しみ
④ just (ジャスト[dʒʌ́st])：ちょうど
⑤ club (クラブ[klʌ́b])：クラブ
⑥ much (マッチ[mʌ́tʃ])：たくさんの
⑦ such (サッチ[sətʃ, sʌ́tʃ])
　：そのような
⑧ must (マスト[məst, mʌ́st])
　：～しなければならない
⑨ lunch (ランチ：[lʌ́ntʃ])：昼食
⑩ study (スタディ[stʌ́di])：勉強する
⑪ under (アンダァ[ʌ́ndər])：～の下に
⑫ uncle (アンクル[ʌ́ŋkl])：おじ
⑬ summer (サマァ[sʌ́mər])：夏
⑭ hundred (ハンドゥレッド[hʌ́ndrəd])
　：100

2 読み方クイズ2

クイズ

※a＋子音＋e の読み方

例に示した単語の読み方には1つのパターンがあります。それを見つけて，①～⑯の読み方をカタカナで書き入れてください。

[例]　cake(ケイク)　game(ゲイム)　name(ネイム)　late(レイト)

① take　　(　　　　)　　⑨ cave　　(　　　　)
② make　　(　　　　)　　⑩ wake　　(　　　　)
③ same　　(　　　　)　　⑪ plane　(　　　　)
④ face　　(　　　　)　　⑫ space　(　　　　)
⑤ safe　　(　　　　)　　⑬ place　(　　　　)
⑥ case　　(　　　　)　　⑭ shake　(　　　　)
⑦ save　　(　　　　)　　⑮ shape　(　　　　)
⑧ age　　 (　　　　)　　⑯ plate　(　　　　)

解説

a＋子音＋e で終わる単語はたくさんありますが，ごくわずかな例外(have：ハヴ[həv]，care：ケア[kɛər] など)を除いては，a は「エイ[ei]」と発音し，最後のe は発音しません。[例]の読み方を発音記号で示すと，cake[kéik]，game[géim]，name[néim]，late[léit] となります。

解答

① take （テイク[téik]）：取る　　⑨ cave （ケイヴ[kéiv]）：ほら穴
② make （メイク[méik]）：作る　　⑩ wake （ウェイク[wéik]）：目覚める
③ same （セイム[séim]）：同じ　　⑪ plane （プレイン[pléin]）：飛行機
④ face （フェイス[féis]）：顔　　⑫ space （スペイス[spéis]）：空間
⑤ safe （セイフ[séif]）：安全な　　⑬ place （プレイス[pléis]）：場所
⑥ case （ケイス[kéis]）：箱，場合　　⑭ shake （シェイク[ʃéik]）：振る
⑦ save （セイヴ[séiv]）：救う　　⑮ shape （シェイプ[ʃéip]）：形
⑧ age （エイジ[éidʒ]）：年齢　　⑯ plate （プレイト[pléit]）：皿

3 読み方クイズ3

クイズ

※i＋子音＋e の読み方

例に示した単語の読み方には1つのパターンがあります。それを見つけて，①〜⑯の読み方をカタカナで書き入れてください。

［例］ like(ライク)　time(タイム)　nice(ナイス)　five(ファイヴ)

① life　　　（　　　　　）　　⑨ mine　　（　　　　　）
② fine　　　（　　　　　）　　⑩ rise　　（　　　　　）
③ side　　　（　　　　　）　　⑪ hide　　（　　　　　）
④ wife　　　（　　　　　）　　⑫ smile　　（　　　　　）
⑤ mile　　　（　　　　　）　　⑬ drive　　（　　　　　）
⑥ nine　　　（　　　　　）　　⑭ shine　　（　　　　　）
⑦ ride　　　（　　　　　）　　⑮ price　　（　　　　　）
⑧ size　　　（　　　　　）　　⑯ invite　　（　　　　　）

解説

i＋子音＋e で終わる単語もたくさんありますが，いくつかの例外(live：リヴ[lív], give：ギヴ[gív], police：ポリース[pəlí:s]など)を除いては，i は「アイ[ai]」と発音し，最後の e は発音しません。［例］の読み方を発音記号で示すと，like[láik], time[táim], nice[náis], five[fáiv] となります。

解答

① life (ライフ[láif])：生命，生活　　⑨ mine (マイン[máin])：私のもの
② fine (ファイン[fáin])：すばらしい　⑩ rise (ライズ[ráiz])：上がる
③ side (サイド[sáid])：側，面　　　　⑪ hide (ハイド[háid])：かくす
④ wife (ワイフ[wáif])：妻　　　　　　⑫ smile (スマイル[smáil])：ほほえむ
⑤ mile (マイル[máil])：マイル　　　　⑬ drive (ドゥライヴ[dráiv])：運転する
⑥ nine (ナイン[náin])：9　　　　　　⑭ shine (シャイン[ʃáin])：光る
⑦ ride (ライド[ráid])：乗る　　　　　⑮ price (プライス[práis])：値段
⑧ size (サイズ[sáiz])：サイズ　　　　⑯ invite (インヴァイト[inváit])：招く

4 読み方クイズ4

クイズ

◆ ee と ea の読み方

例に示した単語の読み方には1つのパターンがあります。それを見つけて，①〜⑯の読み方をカタカナで書き入れてください。

[例]　see（スィー）　week（ウィーク）　sea（スィー）　eat（イート）

① tree　　（　　　　　）　　⑨ read　　（　　　　　）
② meet　　（　　　　　）　　⑩ meat　　（　　　　　）
③ feel　　（　　　　　）　　⑪ each　　（　　　　　）
④ need　　（　　　　　）　　⑫ mean　　（　　　　　）
⑤ three　 （　　　　　）　　⑬ speak　 （　　　　　）
⑥ sleep　 （　　　　　）　　⑭ teach　 （　　　　　）
⑦ agree　 （　　　　　）　　⑮ clean　 （　　　　　）
⑧ street　（　　　　　）　　⑯ dream　 （　　　　　）

解説

ee はつねに「イー[iː]」と発音します。一方 ea も多くの場合「イー[iː]」と発音しますが，こちらには great（グレイト[gréit]），idea（アイディーア[aidí(ː)ə]），head（ヘッド[héd]）など例外がたくさんあります。[例]の読み方を発音記号で示すと，see[síː]，week[wíːk]，sea[síː]，eat[íːt] となります。

解答

① tree（トゥリー[tríː]）：木　　　　　　⑨ read（リード[ríːd]）：読む
② meet（ミート[míːt]）：会う　　　　　　⑩ meat（ミート[míːt]）：肉
③ feel（フィール[fíːl]）：感じる　　　　⑪ each（イーチ[íːtʃ]）：それぞれの
④ need（ニード[níːd]）：必要とする　　　⑫ mean（ミーン[míːn]）：意味する
⑤ three（スリー[θríː]）：3　　　　　　　⑬ speak（スピーク[spíːk]）：話す
⑥ sleep（スリープ[slíːp]）：眠る　　　　⑭ teach（ティーチ[tíːtʃ]）：教える
⑦ agree（アグリー[əgríː]）：同意する　　⑮ clean（クリーン[klíːn]）：清潔な
⑧ street（ストゥリート[stríːt]）：街路（がいろ）　⑯ dream（ドゥリーム[dríːm]）：夢

5 読み方クイズ5

クイズ

🔸ooの読み方

例に示した単語の読み方には1つのパターンがあります。それを見つけて，①〜⑪の読み方をカタカナで書き入れてください。

(1) [例] book（ブック） good（グッド）
① look   (   )   ③ cook   (   )
② foot   (   )   ④ wood   (   )

(2) [例] room（ルーム） moon（ムーン）
⑤ food   (   )   ⑨ zoo   (   )
⑥ soon   (   )   ⑩ choose (   )
⑦ cool   (   )   ⑪ foolish (   )
⑧ afternoon (   )

解説

ooの読み方には「ウ[u]」と「ウー[uː]」の2種類があります。「ウー」と伸ばして読むのが一般的ですが，ここに示したように，いくつかの重要な単語で，短く「ウ」と読みます。なお，ooには，floor(フロー[flɔːr])，blood(ブラッド[blʌd])などのように，さらに別の読み方をする場合もあります。［例］の読み方を発音記号で示すと，book[búk]，good[gúd]，room[rúːm]，moon[múːn]となります。

解答

(1)
① look（ルック[lúk]）：見る   ③ cook（クック[kúk]）：料理する，コック
② foot（フット[fút]）：足   ④ wood（ウッド[wúd]）：木材

(2)
⑤ food（フード[fúːd]）：食べもの   ⑨ zoo（ズー[zúː]）：動物園
⑥ soon（スーン[súːn]）：すぐに   ⑩ choose（チューズ[tʃúːz]）：選ぶ
⑦ cool（クール[kúːl]）：すずしい   ⑪ foolish（フーリッシュ[fúːliʃ]）：ばかな
⑧ afternoon（アフタヌーン[æ(ː)ftərnúːn]）：午後

6 読み方クイズ6

※ ou の読み方

例に示した単語の読み方には1つのパターンがあります。それを見つけて，①〜⑫の読み方をカタカナで書き入れてください。

[例] out（アウト） house（ハウス）

① about　　（　　　　　）　　⑦ thousand　（　　　　　）
② mouse　　（　　　　　）　　⑧ loud　　　（　　　　　）
③ sound　　（　　　　　）　　⑨ south　　（　　　　　）
④ mouth　　（　　　　　）　　⑩ shout　　（　　　　　）
⑤ around　　（　　　　　）　　⑪ proud　　（　　　　　）
⑥ mountain　（　　　　　）　　⑫ ground　　（　　　　　）

解説

　ou はおもに「アウ[au]」と発音されます。もっとも ou は，young(ヤング[jʌ́ŋ])や country(カントゥリ[kʌ́ntri])のように，「ア[ʌ]」と発音されることも少なくありませんし，could(クッド[kúd（強めるとき)])のように「ウ[u]」になることもあります。それでもやはり，ou は「アウ」と発音するのがもっとも一般的です。[例] の読み方を発音記号で示すと，out[áut], house[háus] となります。

解答

① about（アバウト[əbáut]）：〜について
② mouse（マウス[máus]）：ねずみ
③ sound（サウンド[sáund]）：音
④ mouth（マウス[máuθ]）：口
⑤ around（アラウンド[əráund]）：まわりに
⑥ mountain（マウンテン[máuntin]）：山
⑦ thousand（サウザンド[θáuzənd]）：1000
⑧ loud（ラウド[láud]）：（音が）大きい
⑨ south（サウス[sáuθ]）：南
⑩ shout（シャウト[ʃáut]）：叫ぶ
⑪ proud（プラウド[práud]）：誇り高い
⑫ ground（グラウンド[gráund]）：地面

7 読み方クイズ7

クイズ

▶読まない字を含む単語

例にならって，次の単語の読まない字を書き入れてください。

[例] know (k)　right (gh)

① talk　　　（　　）
② night　　（　　）
③ write　　（　　）
④ catch　　（　　）
⑤ walk　　（　　）
⑥ high　　（　　）
⑦ hour　　（　　）
⑧ knife　　（　　）
⑨ sign　　（　　）
⑩ half　　（　　）

⑪ wrong　　（　　）
⑫ answer　（　　）
⑬ listen　　（　　）
⑭ kitchen　（　　）
⑮ through　（　　）
⑯ foreign　（　　）
⑰ island　　（　　）
⑱ climb　　（　　）
⑲ daughter（　　）
⑳ neighbor（　　）

解答

① (l)　トーク[tɔ́ːk]：話す
② (gh)　ナイト[náit]：夜
③ (w)　ライト[ráit]：書く
④ (t)　キャッチ[kǽtʃ]：捕える
⑤ (l)　ウォーク[wɔ́ːk]：歩く
⑥ (gh)　ハイ[hái]：高い
⑦ (h)　アウア[áuər]：1時間
⑧ (k)　ナイフ[náif]：ナイフ
⑨ (g)　サイン[sáin]：記号，標識
⑩ (l)　ハフ[hǽ(ː)f, hάːf]：半分

⑪ (w)　ローング[rɔ́(ː)ŋ]：悪い
⑫ (w)　アンサァ[ǽ(ː)nsər]：答える
⑬ (te)　リスン[lísn]：聞く
⑭ (t)　キチン[kítʃin]：台所
⑮ (gh)　スルー[θrúː]：〜を通して
⑯ (g)　フォーリン[fɔ́ːrin]：外国の
⑰ (s)　アイランド[áilənd]：島
⑱ (b)　クライム[kláim]：登る
⑲ (gh)　ドータァ[dɔ́ːtər]：娘
⑳ (gh)　ネイバァ[néibər]：隣人(りんじん)

8 単語クイズ1

クイズ

男女の区別がある単語

以下の単語の組は，それぞれ左側が男性を，右側が女性をあらわしています。（　　）の中に適切な単語を書き入れてください。

① boy ———— (　　　　)
② father ———— (　　　　)
③ (　　　　) ———— sister
④ man ———— (　　　　)
⑤ uncle ———— (　　　　)
⑥ (　　　　) ———— daughter
⑦ husband ———— (　　　　)
⑧ gentleman ———— (　　　　)
⑨ (　　　　) ———— grandmother
⑩ (　　　　) ———— queen
⑪ (　　　　) ———— princess
⑫ actor ———— (　　　　)

解答

① boy：少年 ———— (girl)：少女
② father：父 ———— (mother)：母
③ (brother)：兄弟 ———— sister：姉妹
④ man：男 ———— (woman)：女
⑤ uncle：おじ ———— (aunt)：おば
⑥ (son)：息子 ———— daughter：娘
⑦ husband：夫 ———— (wife)：妻
⑧ gentleman：紳士 ———— (lady)：淑女
⑨ (grandfather)：祖父 ———— grandmother：祖母
⑩ (king)：王 ———— queen：女王，王妃
⑪ (prince)：王子 ———— princess：王女
⑫ actor：俳優，男優 ———— (actress)：女優

9 単語クイズ2

反対語1

以下の単語の組は，それぞれ反対の意味を持っています。（　　　）の中に適切な単語を書き入れてください。

①	new	———	(　　　)
②	young	———	(　　　)
③	long	———	(　　　)
④	(　　　)	———	cold
⑤	(　　　)	———	far
⑥	early	———	(　　　)
⑦	(　　　)	———	difficult
⑧	(　　　)	———	wrong
⑨	(　　　)	———	soft
⑩	rich	———	(　　　)
⑪	(　　　)	———	low
⑫	(　　　)	———	left

解答

①	new：新しい	———	(old)：古い
②	young：若い	———	(old)：年とった
③	long：長い	———	(short)：短い
④	(hot)：暑い	———	cold：寒い
⑤	(near)：近い	———	far：遠い
⑥	early：早い	———	(late)：遅い
⑦	(easy)：容易な	———	difficult：難しい
⑧	(right)：正しい	———	wrong：間違った
⑨	(hard)：固い	———	soft：やわらかい
⑩	rich：金持ちの	———	(poor)：貧しい
⑪	(high)：高い	———	low：低い
⑫	(right)：右の	———	left：左の

10 単語クイズ3

クイズ

反対語2

反対の意味を持つ単語を棒線で結んでください。

glad　・　　　・　dark
fast　・　　　・　short
busy　・　　　・　light
tall　・　　　・　expensive
warm　・　　　・　sad
light　・　　　・　free
strong　・　　　・　dangerous
heavy　・　　　・　cool
dry　・　　　・　slow
safe　・　　　・　foolish
cheap　・　　　・　weak
wise　・　　　・　wet

解答

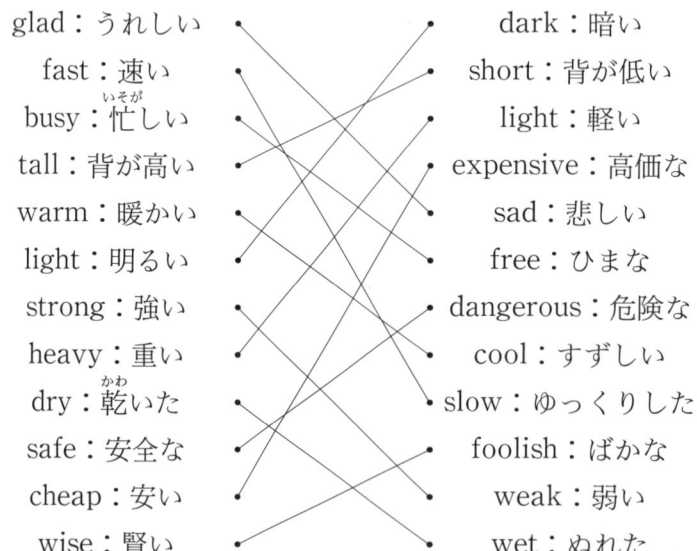

glad：うれしい　　　　dark：暗い
fast：速い　　　　　　short：背が低い
busy：忙しい　　　　　light：軽い
tall：背が高い　　　　expensive：高価な
warm：暖かい　　　　　sad：悲しい
light：明るい　　　　　free：ひまな
strong：強い　　　　　dangerous：危険な
heavy：重い　　　　　　cool：すずしい
dry：乾いた　　　　　　slow：ゆっくりした
safe：安全な　　　　　foolish：ばかな
cheap：安い　　　　　　weak：弱い
wise：賢い　　　　　　wet：ぬれた

＊lightには「明るい」と「軽い」の両方の意味があります。

11 単語クイズ4

学校行事

学校行事は英語ではどう言うでしょう？　左右を棒線で結んでください。

文化祭 ・	・ summer vacation
入学式 ・	・ field day
始業式 ・	・ end-of-term exam(ination)
運動会 ・	・ school festival
期末試験 ・	・ closing ceremony
修学旅行 ・	・ graduation(exercises)
夏休み ・	・ entrance ceremony
遠足 ・	・ school trip
終業式 ・	・ opening ceremony
卒業式 ・	・ school outing

解答

文化祭 ・	・ summer vacation
入学式 ・	・ field day
始業式 ・	・ end-of-term exam(ination)
運動会 ・	・ school festival
期末試験 ・	・ closing ceremony
修学旅行 ・	・ graduation (exercises)
夏休み ・	・ entrance ceremony
遠足 ・	・ school trip
終業式 ・	・ opening ceremony
卒業式 ・	・ school outing

＊「卒業式」はふつうは単にgraduationですが，アメリカではgraduation exercisesとも言います（この場合のexercisesは「儀式(ぎしき)」）。

12 単語クイズ5

🞄 国と首都

　左側にある国の名前と，右側にあるその国の首都の名前を棒線で結んでください。
日本語と英語では，かなり違うものもあります。

Austria	·	·	Amsterdam
Belgium	·	·	Ankara
Egypt	·	·	Athens
Germany	·	·	Berlin
Greece	·	·	Bern(e)
India	·	·	Brussels
Israel	·	·	Cairo
Kenya	·	·	New Delhi
Korea	·	·	Jerusalem
Netherlands	·	·	Nairobi
Switzerland	·	·	Seoul
Turkey	·	·	Vienna

解答

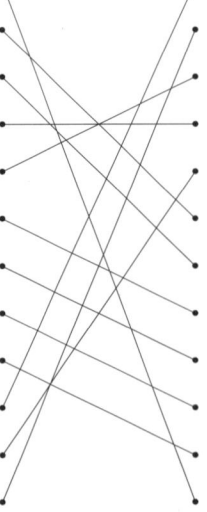

Austria：オーストリア	Amsterdam：アムステルダム
Belgium：ベルギー	Ankara：アンカラ
Egypt：エジプト	Athens：アテネ
Germany：ドイツ	Berlin：ベルリン
Greece：ギリシャ	Bern(e)：ベルン
India：インド	Brussels：ブリュッセル
Israel：イスラエル	Cairo：カイロ
Kenya：ケニア	New Delhi：ニューデリー
Korea：韓国	Jerusalem：エルサレム
Netherlands：オランダ	Nairobi：ナイロビ
Switzerland：スイス	Seoul：ソウル
Turkey：トルコ	Vienna：ウィーン

「セーノ・ドン」クイズ解説
13〜27

　ここから先のクイズは，正解を3つの中から選ぶ形式のものです。そのままクイズとして解いてもよいのですが，教室では以下のようなゲームとしておこなうと，生徒は大喜びします。準備に手間がかかりますが，クラスは確実に盛り上がりますから，その苦労も吹き飛ぶでしょう。

○用意するもの
① 中央にそれぞれ大きく1，2，3と書いた厚紙のカードを10セット（3×10で合計30枚）。各カードの左下隅にはチーム名をあらわすアルファベット（A〜J）を記入しておく。
② 次ページに示したような得点表（ゲーム開始前に黒板にはっておく）。
③ 次ページに示したような得点盤（ゲーム開始前に黒板にはっておく）。
④ A〜Jのアルファベットをそれぞれ記した黒板用マグネット。

○進め方
1．クラスを2〜3人ずつの10チームに分け，A〜Jのチーム名をつける。チームごとにまとまって座らせ，1チームに1，2，3と書いた3枚の番号カード（上記①）を配る（チーム数はもっと多くなってもかまわない）。
2．教師が問題と答えの3つの選択肢を読み上げた後，各チーム内で相談させ，教師の「セーノ・ドン」の掛け声とともに，各チームに一斉に正解と思う答えの番号カードを掲げさせる。
3．教師は正解を告げ，得点表（上記②）にしたがって正解チームに得点を与え，得点分だけ得点盤（上記③）のマグネットを進める（1点につき1マス）。マグネットがはしごの下に止まったら登り，蛇の頭に止まったらしっぽの先まで落ちる。

○ワンポイント・アドバイス
　A〜Jのアルファベットを記入した10枚の小さなカードを教卓に並べておき，下図のように正解チームのカードをずらして確認すれば，マグネットを進めるときに混乱しなくてすむ。

　　　　　C　　E　　　　H I　　←正解チーム（4チームだから各10点）
A　B　　D　　　F G　　J

得点表（一例）

正解チーム数	正解チームに与えられる得点
10	3
9	4
8	5
7	6
6	7
5	8
4	10
3	15
2	20
1	30

得点盤（一例）

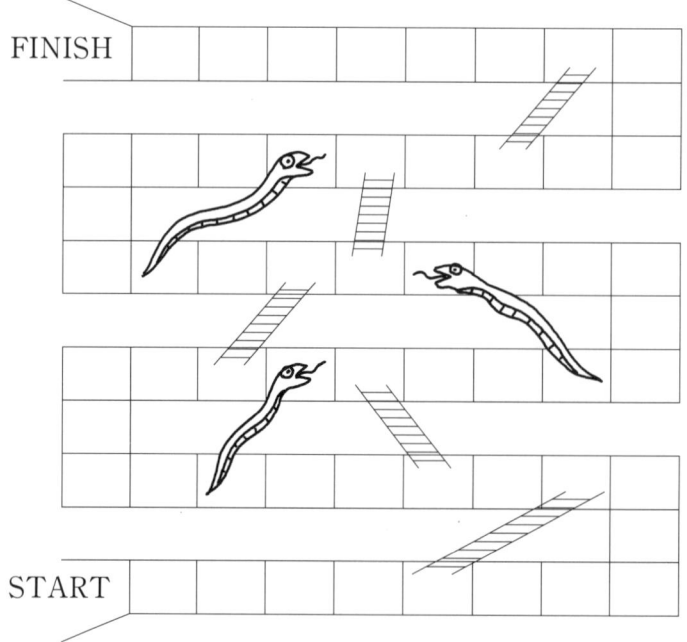

13 「セーノ・ドン」クイズ1

クイズ

口語表現1

次の文はどんな意味でしょう？　3つの中から正解を選んでください。

1．See you.
　①あなたに会いたい。　②さようなら。　③いいですか。
2．That's too bad.
　①お気の毒に。　②それはとても悪い。　③ごめんね。
3．That's all right.
　①元気がいいね。　②これでおしまい。　③かまいませんよ。
4．Take it easy.
　①くよくよするな。　②遠慮（えんりょ）しないで。　③うまくいったな。
5．What for？
　①何が好きですか？　②何をしようか？　③何のために？
6．No way！
　①いやだ！　②じゃまだぞ！　③見つからないぞ！
7．Who cares？
　①誰が来るの？　②どうでもいいよ。　③誰がやるの？

【解答と解説】

1．②さようなら。See you later. とも言う。　2．①お気の毒に。「悪い」の意味はない。　3．③かまいませんよ。I'm sorry. と言われたときのいちばんふつうの答え。　4．①くよくよするな。親しい者同士の別れのあいさつにも使う。　5．③何のために？　6．①いやだ！　親しい者同士の，はっきり断るときの言い方。　7．②どうでもいいよ。文字通りには「誰が気にするものか？」という意味。

14 「セーノ・ドン」クイズ2

◆口語表現2

次の文はどんな意味でしょう？　3つの中から正解を選んでください。

1．So long.
　①長すぎるよ。　②退屈だな。　③さようなら。
2．What do you do?
　①どうしましたか？　②お仕事は？　③はじめまして。
3．You look great!
　①大きくなったね！　②とても似合いますよ！　③目標は大きく！
4．That's it.
　①そのとおりだ。　②とんでもない。　③あれをください。
5．She looks blue.
　①彼女はゆううつそうだ。　②彼女は若々しい。
　③彼女はかんかんに怒っている。
6．I'll miss you.
　①あなたには会えません。　②見逃してやるよ。　③寂しくなりますね。
7．I can't stand it.
　①がまんができません。　②立っていられません。　③行き着けません。

解答と解説

1．③さようなら。　2．②お仕事は？　What are you?でも同じ意味になる。　3．②とても似合いますよ！　この場合のgreatは「すばらしい，すてきな」という意味。　4．①そのとおりだ。That's right.でもほぼ同じ意味になる。　5．①彼女はゆううつそうだ。「私はゆううつです。」はI feel blue.　6．③寂しくなりますね。この場合のmissは「いなくて寂しく思う」という意味。　7．①がまんができません。この場合のstandは「耐える」という意味。

15 「セーノ・ドン」クイズ3

口語表現3

次の文はどんな意味でしょう？ 3つの中から正解を選んでください。

1．What's new?
　①何が始まるの？　②新しいのをください。　③何か変わったことあった？
2．May I use the bathroom?
　①一休みしたいのですが。　②洗濯（せんたく）したいのですが。
　③トイレを借りたいのですが。
3．You made it!
　①やったね。　②きみのせいだよ。　③きみにまかせたよ。
4．Do you mean it?
　①だいじょうぶですか？　②本気ですか？　③どういう意味ですか？
5．Watch your language.
　①はっきり言いなさい。　②言葉をつつしみなさい。　③よく聞きなさい。
6．Keep the change.
　①1カ所に止まらないように。　②しっかり守りなさい。
　③つり銭はとっておいて。
7．May I try this on?
　①これを載せてもいいですか？　②これを着てみてもいいですか？
　③これを食べてみてもいいですか？

解答と解説

1．③何か変わったことあった？　仲間同士で使うあいさつの言葉。　2．③トイレを借りたいのですが。bathroom はトイレの遠まわしの言い方。　3．①やったね。make it は「成功する，達成する」の意味。　4．②本気ですか？　この場合の mean は「〜するつもりである」の意味。I mean it. は「私は本気です。」　5．②言葉をつつしみなさい。この場合の watch は「気をつける」の意味。　6．③つり銭はとっておいて。チップにあげる，ということ。change には「小銭，つり銭」の意味がある。　7．②これを着てみてもいいですか？　try on は「試着する」の意味。この場合の on は「身につけて」という意味の副詞。

16 「セーノ・ドン」クイズ4

クイズ

口語表現4

次の文はどんな意味でしょう？ 3つの中から正解を選んでください。

1．I beg your pardon？（しり上がりに）
①どうされました？ ②もう1度おっしゃってください。
③どちら様ですか？

2．Hold on, please.
①電話を切らずにお待ちください。 ②とっておいてください。
③落とさないでください。

3．I don't get it.
①やる気になりません。 ②理解できません。 ③がまんできません。

4．Help yourself.
①どうぞお好きに召し上がれ。 ②がんばってください。
③手伝ってください。

5．You don't say so！
①ほんとですか？ ②当然ですよ。 ③話が違います。

6．It works！
①仕事だからね。 ②それのせいだよ。 ③うまくいってるよ。

7．Let's keep in touch.
①くじけずにがんばろう。 ②連絡を取り合おう。 ③離れずにいよう。

解答と解説

1．②もう1度おっしゃってください。Pardon？と略して言うことも多い。下降調で言えば「ごめんなさい。」の意味になる。 2．①電話を切らずにお待ちください。Hold on. には「がんばれ。」という意味もある。 3．②理解できません。相手の言ったことがわからないときなどに使う。 4．①どうぞお好きに召し上がれ。この場合の help は「（料理を）よそう，盛り分ける」の意味。 5．①ほんとですか？ so は略すこともある。相手の言ったことへの驚きをあらわす。 6．③うまくいってるよ。この場合の work は「うまくいく，効く」の意味。 7．②連絡を取り合おう。keep in touch は「接触を保つ」という意味の決まり文句。

17 「セーノ・ドン」クイズ5

クイズ
口語表現5

次の文はどんな意味でしょう？ 3つの中から正解を選んでください。

1．What's up?
　①何がほしいの？　②どうしたの？　③何をしましょう？
2．How come?
　①どうすればいいの？　②どういうわけで？　③誰が来るの？
3．Take your time.
　①あせらないで。　②急ぎなさい。　③チャンスをつかみなさい。
4．It can't be helped.
　①しかたがありません。　②手伝う人がいません。　③放ってはおけません。
5．I'm for the plan.
　①その計画は私にぴったりです。　②私が計画します。
　③その計画に賛成です。
6．He was fired.
　①彼は怒っていたよ。　②彼はクビになったよ。　③彼はやけどしたよ。
7．Give me a break.
　①いい加減にしてくれ。　②何か食べさせてくれ。　③見逃してくれ。

解答と解説

1．②どうしたの？　この場合のupは「起こって，現れて」の意味。　2．②どういうわけで？　「どうしてそうなったのか？」と問うニュアンスがある。　3．①あせらないで。take timeは「時間をとる」の意味。　4．①しかたがありません。can't helpは「止められない」という意味。「止められない」から「しかたがない」になった。　5．③その計画に賛成です。forの代わりにagainstを使うと「反対です」の意味になる。　6．②彼はクビになったよ。fireには「解雇する」という意味がある。　7．①いい加減にしてくれ。breakはここでは「休憩」の意味。「休みをくれ」から「勘弁してくれ，いい加減にしてくれ」という意味に使われるようになった。

18 「セーノ・ドン」クイズ6
◆as～as を使った慣用句

　Her face was as white as a sheet. は「彼女の顔はシーツのように白かった（恐怖で血の気が失せていた）。」という意味ですが，この as white as a sheet は「とても白い」という意味の決まった言い方です。以下の文では，①〜③のどれを選べばこれと同じような決まった言い方になるでしょう？

1．彼女の手はとてもやわらかだった。
　　Her hand was as soft as (① silk　② wool　③ cream).
2．彼はとてもおなかがすいていた。
　　He was as hungry as (① a lion　② a wolf　③ a dog).
3．彼は大忙しだった。
　　He was as busy as (① a rabbit　② a beaver　③ a cockroach [ゴキブリ]).
4．そのぼうしはぺちゃんこになった。
　　The hat became as flat as (① a notebook　② a dish
　　　　　　　　　　　　　　③ a pancake [ホットケーキ]).
5．このパンはカラカラに乾いている。
　　This bread is as dry as (① sand　② a bone [骨]　③ a shell [貝殻]).
6．私はとても貧乏だ。
　　I am as poor as (① a country mouse [田舎のネズミ]　② a school mouse
　　　　　　　　　　③ a church mouse).
7．彼はまったく冷静だった。
　　He was as cool as (① a pilot　② an eagle　③ a cucumber [きゅうり]).

解答と解説

1．① silk（絹のようにやわらかな）。　2．② a wolf（オオカミのように空腹な）。
3．② a beaver（ビーバーのように忙しい）。　4．③ a pancake（ホットケーキのように平べったい）。　5．② a bone（骨のように乾いた）。　6．③ a church mouse（教会のネズミのように貧乏な）。　7．③ a cucumber（きゅうりのようにcoolな）。coolに「冷たい」と「冷静な」の2つの意味があることにかけた一種のダジャレ。

19 「セーノ・ドン」クイズ7

クイズ

動物を使った比喩

She sings like a bird. が「彼女は陽気に歌う。」を意味するように，特定の動物が特定の比喩に使われることがあります。以下の文で，比喩として使われるもっとも適切な動物を選んでください。

1. 彼はせっせとよく働く。
    He works like (① a rabbit ② a bee ③ a bird).
2. 彼は猛烈に働く。
    He works like (① an ox [雄牛] ② a bear ③ a tiger).
3. 彼女はとても小食だ。
    She eats like (① a bird ② a butterfly [蝶] ③ a fish).
4. 彼は大食いだ。
    He eats like (① a horse ② a lion ③ a crocodile [ワニ]).
5. 彼はすばしこく走る。
    He runs like (① a fox ② a deer ③ a wolf).
6. 彼らはおとなしく彼について行った。
    They followed him like (① cows ② dogs ③ sheep).
7. 彼は大酒飲みだ。
    He drinks like (① a monkey ② a crocodile [ワニ] ③ a fish).

解答と解説

1．② a bee。日本語でも英語でも，ハチは働き者の象徴。　2．③ a tiger。tigerには「仕事の鬼」という意味がある。work like a horse でも「がむしゃらに働く」という意味になる。　3．① a bird。鳥は小食ということになっている。　4．① a horse。日本語にも「牛飲馬食」（大食すること）という言い方がある。　5．② a deer。run like a rabbit なら「一目散に逃げる」の意味になる。　6．③ sheep。日本語にも「羊のようにおとなしく」という言い方がある。なお sheep は単数形と複数形が同じ形。　7．③ a fish。「私が飲んでいるのは水だ」と魚から抗議が来るかも。

20 「セーノ・ドン」クイズ8

▓ びっくり読み方1

　日本語に入っている英単語の中には，もともとの発音からずれてしまっているものもあります。以下の単語のもともとの発音は，①〜③のどれにもっとも近いでしょう？（´はアクセントを示しています。）

1. グローブ(glove)
   ①グロウヴ　②グラヴ　③グロヴ

2. タオル(towel)
   ①タウェル　②タウウェル　③タウアル

3. トンネル(tunnel)
   ①トヌル　②タヌル　③トゥネル

4. ピザ(pizza)
   ①ピザー　②ピーザ　③ピーツァ

5. オーブン(oven)
   ①アヴン　②オヴン　③オヴァン

6. カルシウム(calcium)
   ①カルシューム　②ギャルシアム　③カルシーウム

7. ココア(cocoa)
   ①コーコア　②コウコウ　③カコア

解答と解説

1. ②グラヴ[glʌ́v]。　2. ③タウアル[táuəl]。　3. ②タヌル[tʌ́nl]。
4. ③ピーツァ[píːtsə]。もともとはイタリア語（発音は「ピッツァ」）。
5. ①アヴン[ʌ́vən]。　6. ②ギャルシアム[kǽlsiəm]。
7. ②コウコウ[kóukou]。

＊口頭のクイズとして用いるときも，つづりは板書してください。

21 「セーノ・ドン」クイズ9
びっくり読み方2

　日本語に入っている英単語の中には，もともとの発音からずれてしまっているものもあります。以下の単語のもともとの発音は，①〜③のどれにもっとも近いでしょう？（´はアクセントを示しています。）

1．バレーボール(volleyball)
　①ヴァ́リボール　②ヴォレ́ーボール　③ヴォレ́イボール
2．ガレージ(garage)
　①ギャレ́イジ　②ガラ́ージ　③ギャリ́ージ
3．ウルトラ(ultra)
　①ウルト́ーラ　②ウルトラ́ー　③ア́ルトラ
4．オニオン(onion)
　①オニオ́ーン　②オ́ウニオン　③ア́ニョン
5．スタジオ(studio)
　①スタ́ディオウ　②スタディ́ーオ　③ステュ́ーディオウ
6．ヒロイン(heroine)
　①ヘ́ロウイン　②ヒロ́ウイン　③ヒーロ́ーイン
7．マーガリン(margarine)
　①マーガリ́ーン　②マーゲ́イリン　③マ́ージャリン

解答と解説

1．①ヴァ́リボール [válibɔ̀:l]。　2．②ガラ́ージ[gərá:dʒ]。　3．③ア́ルトラ [ʌ́ltrə]。意味は「極端な」。　4．③ア́ニョン[ʌ́njən]。　5．③ステュ́ーディオウ[stjú:diou]。　6．①ヘ́ロウイン[hérouin]。　7．③マ́ージャリン[má:rdʒərin]。

＊口頭のクイズとして用いるときも，つづりは板書してください。

22 「セーノ・ドン」クイズ 10

クイズ

■ことわざ 1

次のことわざはどんな意味でしょう？ 3つの中から正解を選んでください。

1．It is no use crying over spilt milk.（spilt：こぼれた）
①失敗したくなかったら，よく注意すること。 ②いったんしてしまったことは，元には戻らない。 ③失敗を恐れてはならない。

2．There is no smoke without fire.
①うわさにはかならず何かの根拠がある。 ②大きな火事も小さな煙から。
③結果をよく調べれば，原因は突き止められる。

3．No news is good news.
①よいことはとくに知らせなくても伝わる。 ②よいニュースはかえって伝わらないものだ。 ③知らせがないのは，よい知らせだ。

4．Easy come, easy go.
①楽に始められれば，楽に終えられる。 ②苦労せずに手に入れたものは簡単に失う。 ③何事も考えすぎないのがいい。

5．The proof of the pudding is in the eating.（proof：ためし，pudding：プリン）
①食べ物の価値は味ではない。 ②ものは使われてはじめて意味を持つ。
③ものの価値は実際に使ってみなければわからない。

6．Well begun is half done.
①半分はまだ最初と同じ。 ②最初はまず半分を目指せ。 ③何事も最初が大切だ。

7．You cannot eat your cake and have it.
①よいこと2つはない。 ②何事もやってみなければわからない。
③努力しなければ，成果は得られない。

解答と解説

1．②。こぼれたミルクのことで泣いても仕方がない（覆水盆に返らず）。 2．①。火のないところに煙は立たぬ。 3．③。便りのないのはよい便り。 4．②。簡単に入ってきたものは，簡単に出て行く（悪銭身につかず）。 5．③。プディングの味は食べてみなければわからない（論より証拠）。 6．③。うまく始められれば，半分終わったのと同じ。つまり，最初が大事。 7．①。ケーキを食べ，同時にそれを持っていることはできない。

23 「セーノ・ドン」クイズ11

クイズ

ことわざ2

次のことわざの＿＿＿に入る適当な単語を，3つの中から選んでください。

1．Seeing is ＿＿＿．
　① hearing　　② knowing　　③ believing
2．A drowning man will catch at a ＿＿＿．（drown：おぼれる）
　① fish　　② straw（わら）　　③ sea
3．Strike the iron while it is ＿＿＿．（strike：打つ）
　① hot　　② easy　　③ strong
4．All's well that ends ＿＿＿．
　① well　　② all　　③ early
5．Where there's a will, there's a ＿＿＿．
　① way　　② hope　　③ lesson
6．Out of sight, out of ＿＿＿．（Out of sight：目に見えないこと）
　① town　　② help　　③ mind
7．One is never too old to ＿＿＿．
　① learn　　② marry　　③ die

解答と解説

1．③ believing。見ることは信じること（百聞は一見に如かず）。　2．② straw。おぼれる者はわらをもつかむ。　3．① hot。鉄は熱いうちに打て。Strike while the iron is hot. とも言う。　4．① well。終わりよければすべてよし。　5．① way。意志のあるところに，道は開ける（精神一到何事か成らざらん）。　6．③ mind。目に見えないものは忘れられる（去る者は日々に疎し）。　7．① learn。年を取りすぎて学べないということはない（六十の手習い）。Never too old to learn. あるいは Never too late to learn. とも言う。

24 「セーノ・ドン」クイズ12

クイズ
和製英語1

　「和製英語」というのは，いかにも英語風だけれど，実際の英語にはない(あるいは実際の英語とは意味がずれている)カタカナ語のことを言います。以下の和製英語は，実際の英語ではどう言うでしょう？

1．ポスト
　　① red post　　② post stand　　③ mailbox
2．ワイシャツ
　　① shirt　　② cutter shirt　　③ suits shirt
3．ナイター
　　① nighter match　　② night baseball　　③ night game
4．ジェット・コースター
　　① jet train　　② roller coaster　　③ adventure coaster
5．ボールペン
　　① easy pen　　② smooth pen　　③ ball-point pen
6．シャープペンシル
　　① easy pencil　　② mechanical pencil　　③ sharp-point pencil
7．レジャー
　　① recreation　　② leisure time　　③ outdoor enjoyment

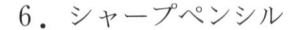

解答と解説

1．③ mailbox。postbox とも言う。post は「郵便」の意味。　2．① shirt。単に shirt と言う。「カッターシャツ」は「勝ったシャツ」からきたと言われている。　3．③ night game。英語には nighter という単語自体がない。　4．② roller coaster。roller は「車輪のついた」，coaster は「坂滑り用のそり」のこと。惰性で走るものなので，jet(噴射)という語はそぐわない。　5．③ ball-point pen。この場合の point は「ペン先」の意味で，「先にボールのついたペン」ということ。　6．② mechanical pencil。mechanical は「機械じかけの」という意味。sharp pencil では「とがった鉛筆」の意味にしかならない。　7．① recreation[rèkriéiʃən]。leisure は「暇」のこと。暇を利用した楽しみは recreation。

25 「セーノ・ドン」クイズ13

クイズ

和製英語2

「和製英語」というのは，いかにも英語風だけれど，実際の英語にはない(あるいは実際の英語とは意味がずれている)カタカナ語のことを言います。以下の和製英語は，実際の英語ではどう言うでしょう？

1．ガソリン・スタンド
  ① oil stand   ② gasoline stop   ③ gas station
2．バイク
  ① auto-bike   ② motorcar   ③ motorbike
3．シーズンオフ
  ① off-season   ② out-season   ③ play off
4．トランプ
  ① cards   ② game cards   ③ trump cards
5．ビニール
  ① easy sheet   ② soft sheet   ③ plastic
6．サラリーマン
  ① office worker   ② official worker   ③ public worker
7．マンション
  ① public house   ② grand house   ③ apartment house

解答と解説

1．③ gas station。この場合の gas は gasoline の略。 2．③ motorbike。正式には motorcycle。単に bike は自転車。 3．① off-season。 4．① cards。単に cards と言う。trump は「切り札」の意味。 5．③ plastic。英語では合成樹脂はやわらかいものも含めてすべて plastic と言う。vinyl [váinəl] は「ビニール基」という意味の化学用語。 6．① office worker。salary man は直訳すれば「給料男」となり，意味をなさない。 7．③ apartment house。これは賃貸式のもので，分譲式のものは condominium [kɑndəmíniəm] と言う。mansion は執事がいるような大邸宅のこと。

26 「セーノ・ドン」クイズ14

クイズ
◆語源1

以下の語はもともとはどんな意味だったでしょう？ 3つの中から選んでください。

1. good-by(e)
   ①神があなたのそばにありますように　②幸福があなたのそばにありますように
   ③よい人びとがあなたのそばにありますように
2. piano
   ①鍵盤（けんばん）　②堅琴（たてごと）　③弱く
3. spring
   ①若い　②はねる　③雪どけ
4. camp
   ①山　②野原　③泊まる
5. camera
   ①部屋　②写す　③人名(発明者)から
6. sport
   ①体を鍛（きた）える　②仕事のないときに遊ぶ　③気をまぎらす
7. tennis
   ①打て！　②受けろ！　③追いかけろ！

解答と解説

1. ①神があなたのそばにありますように。good はもともとは god だった。by(e) は「あなたのそばにありますように」が縮まったもの。　2. ③弱く。容易に強弱がつけられるようにつくられた鍵盤楽器, pianoforte(ピアノフォルテ：「弱い・強い」の意味)を縮めた語が piano で，単独の意味は「弱く」（イタリア語）。　3. ②はねる。この意味から「わき出る」→「始まる」→「年の始め」→「春」と変化した。spring には「ばね」の意味もあるが，これも「はねる」からきた。　4. ②野原。この意味から「(軍隊の)野営地」→「キャンプ」と変化した。　5. ①部屋。camera はラテン語の camera obscura(暗い部屋)が縮まったもの。現代イタリア語でも camera は「部屋」を意味する。　6. ③気をまぎらす。「気をまぎらす（ごらく）もの」→「娯楽」→「スポーツ」と意味が変化した。　7. ②受けろ！　tennis はサーバーがレシーバーにフランス語で tenez(受（う）けろ)と叫んだことから生まれた語と言われている。

27 「セーノ・ドン」クイズ 15

クイズ

語源 2

以下の語はもともとはどんな意味だったでしょう？ 3つの中から選んでください。

1. bus
   ①乗合馬車　②貨物車　③大きな
2. uncle
   ①小さな父　②小さな祖父　③大きな兄
3. fast
   ①最初の　②しっかりした　③郵便
4. vegetable
   ①栄養のある　②元気のある　③水分の多い
5. lunch
   ①かたまり　②昼どき　③簡単な
6. police
   ①刑務所　②市役所　③都市
7. Canada
   ①村　②寒い土地　③人名(発見者)から

解答と解説

1．①乗合馬車。bus は omnibus(乗合馬車)が縮まったもの。　2．②小さな祖父。もとの意味は「小さな祖父」つまり「祖父の息子」。　3．②しっかりした。この意味から「ゆるまない」→「ゆるめずに(走る)」→「速く走る」と変化した。fast には現在も「しっかりと」の意味がある。　4．②元気のある。この意味から「発育生長の」に変わり，「植物」とくに「野菜」を意味するようになった。　5．①かたまり。もともとは「(食物の)かたまり」という意味で，農作業に出かけるときの携帯食のことだった。　6．③都市。古代ギリシャ語の polis (都市)が語源。そこから「市民」→「国家」→「警察」と変化した。　7．①村。カナダのインディアンの言葉 kanada(村)を地名と勘違いしたことから生まれた語。[これで思い出すのが kangaroo(カンガルー)。キャプテン・クックの「あの動物は何だ？」という質問に，オーストラリアの原住民が「(あなたの言うことが)わからない」と答えたことからきた，という説には根拠がない。「カンガルー」を意味する gangaru という現地語がある。]

Column　野菜・果物の名前の語源

　　クイズに vegetable の語源が出てきたところで，野菜や果物の名前の語源をいくつか紹介しましょう。

● potato（ジャガイモ）はスペイン語 patata（ジャガイモ）からきた語ですが，この patata はさらに南米インディオの batata（サツマイモ）にさかのぼります。英語では「サツマイモ」はふつう sweet potato と言って区別しますが，実はこちらが potato の本家で，アメリカではジャガイモの方を Irish potato と言って区別することもあります。

● lettuce（レタス）はラテン語 lac（ミルク）からきた語です。レタスの根元を切るとミルク状の液が出ることからそう名づけられました。「ミルク」はフランス語では lait（レ），スペイン語では leche（レチェ），イタリア語では latte（ラッテ）と言いますが，いずれも lac を語源としています。
　　ちなみに「ミルク」はギリシャ語では gala と言いますが，これは英単語 galaxy（銀河，天の川）の語源です。天の川がミルクを流したように見えることから生まれました。
　　なお milk はもともと英語にあった語で，まったく別語源です。

● pineapple（パイナップル）は pine（松）と apple が組み合わされた語で，その果実が松笠に似ていることから名づけられました。apple は昔は果物一般を指していましたので，pineapple は「リンゴ」とは無関係です。apple 自体の語源はよくわかっていません。

● strawberry（イチゴ）は「わらのベリー」という意味ですが，この果物がなぜそう呼ばれるようになったのかはよくわかっていません。有力な説には「実を保護するためにわらを敷いた古い習慣から」とか「地上をはう茎がわらに似ているから」といったものがあります。

● avocado（アボカド）には丸い立派な種が入っていますね。実を食べた後この種を飾っておく人もいるほどですが，語源を知ればきっと捨ててしまうでしょう。この語はもともとは北米インディアンの言葉で，「こう丸」を意味します。

II　パズル編

28 ジャンブル１

パズル

※単語とそのつづり１

　ジャンブル (Jumble) は「ごちゃまぜ」という意味です。ごちゃまぜになっているアルファベットをうまくつなぎ合わせ，単語をつくってください。また（　　　）の中にその意味を書いてください。単語は下の絵にあるものの名前です。

1. u s b　　　　　　　　　　　　6. h i s f
　_____（　　　　）　　　　　　_____（　　　　）

2. g e g　　　　　　　　　　　　7. n o p a i
　_____（　　　　）　　　　　　_____（　　　　）

3. n o m o　　　　　　　　　　　8. s h o e u
　_____（　　　　）　　　　　　_____（　　　　）

4. e t e r　　　　　　　　　　　9. w o r l e f
　_____（　　　　）　　　　　　_____（　　　　）

5. r a k p　　　　　　　　　　　10. d i w w o n
　_____（　　　　）　　　　　　_____（　　　　）

解答

1. u s b   bus （ バス ）
2. g e g   egg （ 卵 ）
3. n o m o   moon （ 月 ）
4. e t e r   tree （ 木 ）
5. r a k p   park （ 公園 ）
6. h i s f   fish （ 魚 ）
7. n o p a i   piano （ ピアノ ）
8. s h o e u   house （ 家 ）
9. w o r l e f   flower （ 花 ）
10. d i w w o n   window （ 窓 ）

Column 早口言葉

英語の早口言葉（tongue twister：舌をもつれさせるもの）をいくつか紹介しましょう。

A big black bug bit a big black bear.
　　大きな黒い虫が大きな黒い熊にかみついた。
Peter Piper picked a peck of pickled pepper.
　　笛吹きピーターがトウガラシの漬物を1ペック拾った（peck は液量の単位）。
Six little thistles stick.
　　小さなアザミが6本くっついている（thistle[θísl]は「アザミ」）。
She sells seashells on (by, at) the seashore.
　　彼女は海辺で貝殻を売っている。
最後の文は[ʃ]と[s]の発音の違いを練習するのによく使われます。she は「シー[ʃíː]」, sea は「スィー[síː]」です。

29 しりとり1

パズル

単語とそのつづり2

□に1字ずつアルファベット（小文字）を入れて単語をつくり，しりとりを完成させてください。

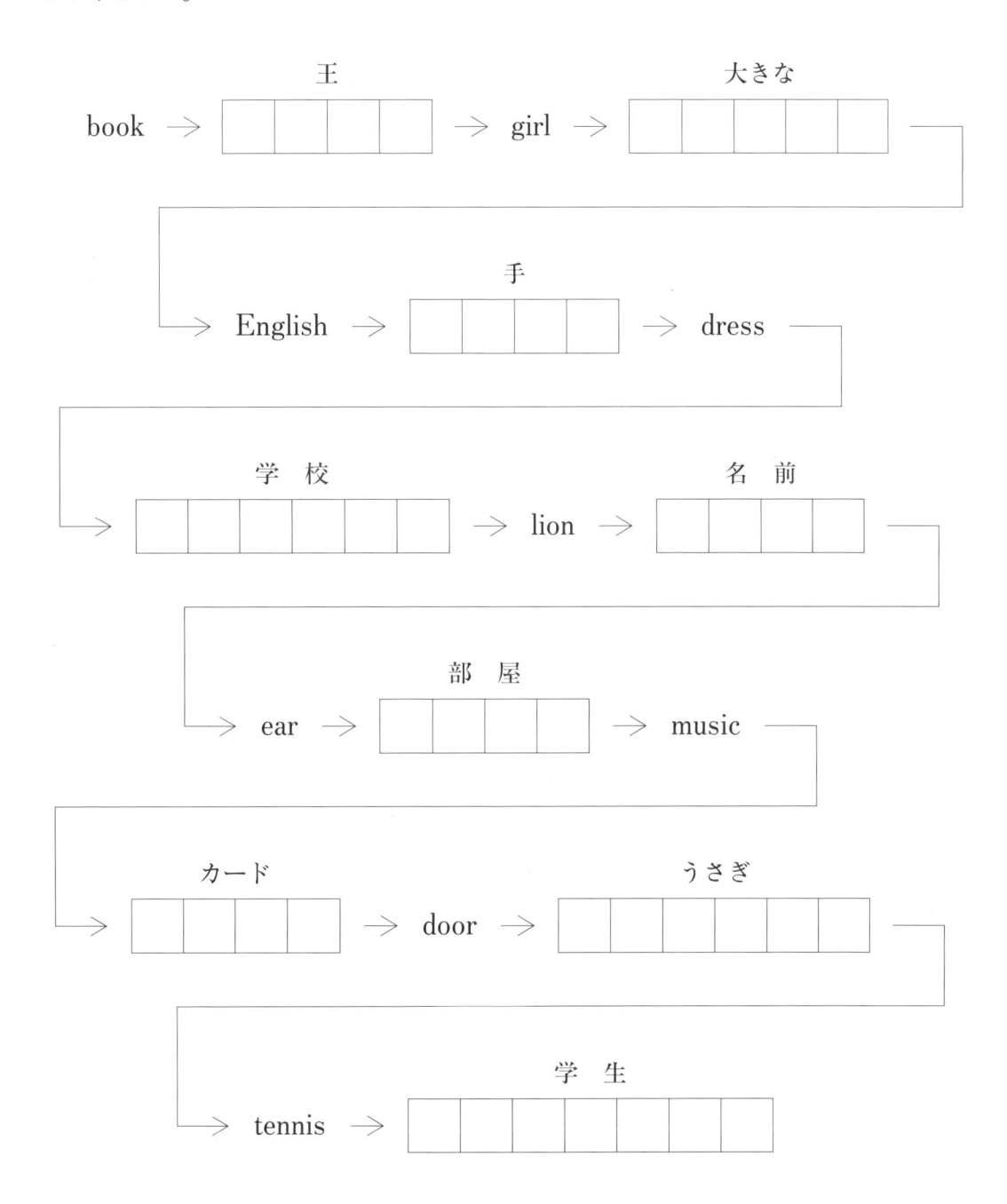

book → □□□□(王) → girl → □□□□□(大きな) →

→ English → □□□□(手) → dress →

→ □□□□□□(学校) → lion → □□□□(名前) →

→ ear → □□□□(部屋) → music →

→ □□□□(カード) → door → □□□□□□(うさぎ) →

→ tennis → □□□□□□□(学生)

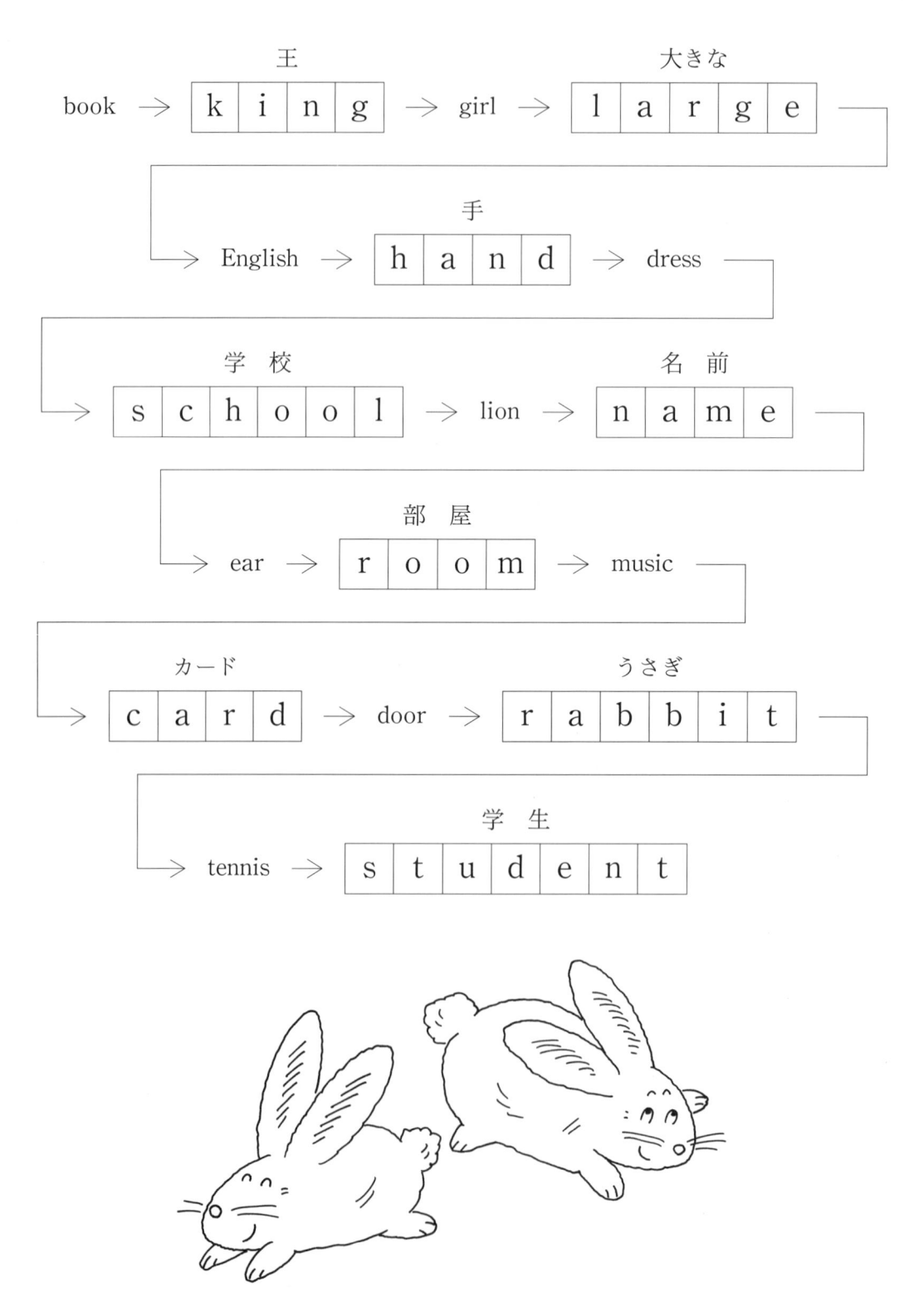

解答

book → **king** (王) → girl → **large** (大きな) → English → **hand** (手) → dress → **school** (学校) → lion → **name** (名前) → ear → **room** (部屋) → music → **card** (カード) → door → **rabbit** (うさぎ) → tennis → **student** (学生)

30 クロスワードパズル１

パズル

ヘボン式ローマ字

ヨコ，タテのヒントにあてはまる日本の地名を，ヒントの番号で始まる□にローマ字で１字ずつ書き入れて，パズルを完成させてください（すべて小文字で書いてください）。「し」はshi，「じ」はji，「ち」はchi，「つ」はtsu，「ふ」はfuです。のばす音にも何もつけません。[例：東京—tokyo]

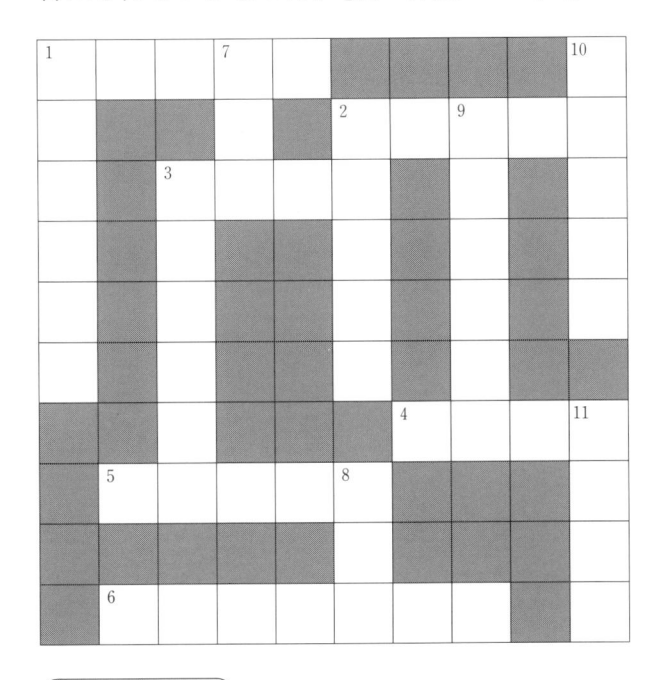

ヨコのヒント

① 平安時代から千年以上にわたって日本の都だった市。有名なお寺がたくさんある。
② 瀬戸内海最大の島。兵庫県に属する。
③ ＿＿＿は日本一の山。
④ 昔，岐阜県の南部はこう呼ばれていた。えっ，昔はこれを雨の日に着たって？　それは漢字が違うでしょう？
⑤ 四国にある県の名前で，県庁所在地も同じ名前。カツオの一本釣りと坂本竜馬が有名。
⑥ 昔，鹿児島県はこう呼ばれていた。なに，イモの名前だって？

タテのヒント

❶ ８つの県からなる地方の名前。えっ，名前からすると１つ足りないって？
❷ 中部地方の県名。その中心部はその昔尾張と呼ばれていた。
❸ 北海道にある市の名前。スキー場で知られるが，ラベンダー畑とドラマ「北の国から」でも有名。
❼ 伊勢は＿でもつ＿は伊勢でもつ。県庁所在地としてはいちばん短い名前。
❽ 静岡県にある半島の名前。踊り子が有名だって？
❾ 神戸の西にある市の名前。ここが日本の中心だという説もある。
❿ 栃木県にある観光地。徳川家康を祀った神社がある。
⓫ 山があっても山梨県。すべってころんで＿＿＿県。

解答

	¹k	y	o	⁷t	o				¹⁰n
	y			s		²a	w	⁹a	j	i
	u		³f	u	j	i		k		k
	s			u		c		a		k
	h					h		s		o
	u			a		i		h		
				n				⁴m	i	n	¹¹o
		⁵k	o	c	h	i	⁸i		
							z			i
		⁶s	a	t	s	u	m	a		t
										a

Column 天候をあらわす単語

　天候をあらわす単語を紹介しましょう。

　「晴れた」という意味の形容詞はいくつかありますが，天気予報ではふつう「快晴の」は clear，「晴れの」は fair と言います。一般には fair, fine, sunny がよく使われますが，このうち fair は「よく晴れた」，fine は「少し雲があるが，まずまず晴れた」，sunny は「明るく日がさしている」ということです。また beautiful や nice, lovely は「気持ちよく晴れた」という意味に使われます。「曇った」は cloudy，「雨の」は rainy です。

　ちなみに，アメリカ英語に Indian summer という不思議な言葉があります。「夏を思わせるような晩秋の陽気」のことで，日本語には「小春日和（こはるびより）」と訳されていますが，小春日和よりも暑い天候のようです。

　この Indian summer という言葉の由来については，「このような天候はアメリカの東部よりもインディアンの住む地域に多く見られたから」とか，「この天候のときには霞（かすみ）が立つことが多く，それがインディアンのたき火の煙を連想させたから」といった説がありますが，はっきりとはわかっていません。

31 クリスクロス1

パズル
代名詞

（　　）に適当な代名詞をおぎない，下の□に1字ずつ入れてパズルを完成させてください（すべて小文字で入れてください）。その上で，太線で囲んだ字を組み合わせると，ある動物の名前になります。その動物は何でしょう？

1. Are Mary and Bill students?
   Yes, (　①　) are.
2. Is this your house?
   Yes, it is. It's (　②　) house.
3. Jane's mother is a nurse, and (　③　) father is a doctor.
4. Ayumi and Yuki are sisters, and Naoko is (　④　) mother.
5. (　⑤　) is that? It's a school.
6. Is that Tom's sister?
   No, she isn't. She is (　⑥　) mother.
7. Is he (　⑦　) son?
   Yes, he is. He is my first son.
8. Is this your book?
   Yes, of course. It's (　⑧　).

隠れている動物は？　（　　　　　　）

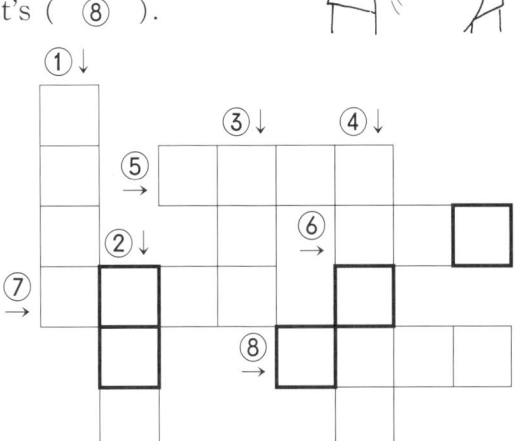

*「クリスクロス (crisscross)」はもともとは十字架のことで，一般に十字の形を意味します。

解答

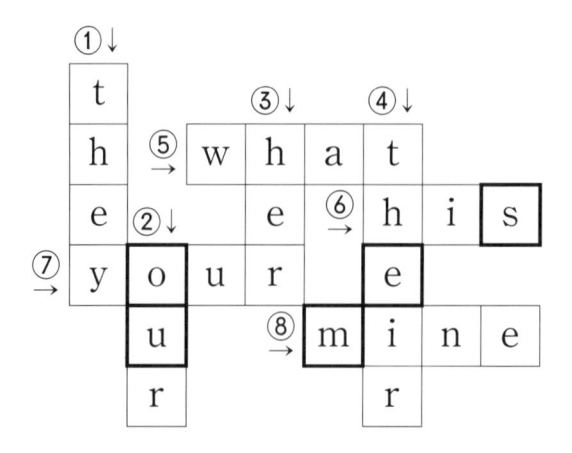

	①↓					
	t		③↓		④↓	
	h	⑤→	w	h	a	t
	e	②↓	e		h	i	s
⑦→	y	o	u	r		e	
		u		⑧→	m	i	n	e
		r				r	

隠れている動物：mouse（ネズミ）

解説

1．Mary and Bill は男女だが，2 人以上は性別に関係なく they になる。
2．your には「あなたの」のほかに「あなたたちの」という意味があり，②は my になる可能性も our になる可能性もある。ここは□が 3 つあるので our が正解。
4．「彼女たちの」は their（2 人以上は性別には無関係）。
8．「私のもの」は mine。

32 あみだパズル１

パズル

文のつながり

点線で囲ったわくの中に２本の縦線をおぎなって，左右をつなげると，すべての文が成り立つようにしてください。

(1)
① Are you　　　　　　　　　　　　　　know Mari.
② Do you　　　　　　　　　　　　　　a student.
③ I'm not　　　　　　　　　　　　　　her friend?
④ I don't　　　　　　　　　　　　　　like English?

(2)
① I love you, but you don't love　　　　　　　us.
② My aunt is old, and I sometimes help　　　　me.
③ Mr. and Mrs. Saito live in Tokyo. I like　　them.
④ We help the girls, but they don't help　　　her.

＊ヒント：後ろからたどるとわかりやすいでしょう。

解答と解説

(1)
① Are you ——————————— know Mari.
② Do you ——————————— a student.
③ I'm not ——————————— her friend?
④ I don't ——————————— like English?

① Are you her friend?　あなたは彼女の友だちですか？
② Do you like English?　あなたは英語が好きですか？
③ I'm not a student.　私は学生ではない。
④ I don't know Mari.　私はマリを知らない。

(2)
① I love you, but you don't love ——————————— us.
② My aunt is old, and I sometimes help ——————————— me.
③ Mr. and Mrs. Saito live in Tokyo. I like ——————————— them.
④ We help the girls, but they don't help ——————————— her.

① I love you, but you don't love me.
　私はあなたを愛しているが，あなたは私を愛していない。
② My aunt is old, and I sometimes help her.
　私のおばは年とっていて，私はときどき彼女を手伝う。
③ Mr. and Mrs. Saito live in Tokyo. I like them.
　斎藤夫妻は東京に住んでいる。私は彼らが好きだ。
④ We help the girls, but they don't help us.
　私たちはその少女たちを手伝うが，彼女たちは私たちを手伝わない。

33 クロスワードパズル2

パズル

3人称単数

ヨコ，タテのヒントの下線に入る単語を，ヒントの番号で始まる□に1字ずつ書き入れて，パズルを完成させてください（すべて小文字で書いてください）。

ヨコのヒント

① 私にはおばがいる。　I ____ an aunt.
② その部屋の中で　in the ____
③ 1つのリンゴ　____ apple
④ 彼は速く泳ぐ。　He ____ fast.
⑤ 今日は日曜日。　____ is Sunday.
⑥ 生徒全員　____ the students
⑦ メアリーはテニスが好きですか？
　　____ Mary like tennis?
⑧ 彼女は先生ですか？　____ she a teacher?
⑨ 私はきみを助ける。　I help ____.
⑩ あれは犬じゃない。　That is ____ a dog.
⑪ 彼はバスで登校する。
　　He ____ to school by bus.
⑫ この家はあなたたちのものですか？
　　Is ____ house yours?

タテのヒント

❶ ユミは白いネコを飼っている。
　　Yumi ____ a white cat.
❻ 水を持っていますか？
　　Do you have ____ water?
❽ Is this your bag? Yes, ____ is.
⓭ 彼女は日本語をうまく話す。
　　She speaks Japanese ____.
⓮ あなたはこれを使いますか？
　　Do you ____ this?
⓯ 彼は毎日英語を勉強する。
　　He ____ English every day.
⓰ 本かアルバムか
　　a book ____ an album
⓱ トムは料理をしない。
　　Tom ____ cook.
＊アポストロフィー（'）も1字に数える。
⓲ 何本もの木　____ trees
⓳ それは彼のだ。　It's ____.
⓴ 彼らは私たちと行く。
　　They go with ____.

解答

	¹h	a	v	e		²r	¹⁶o	o	m	¹⁸m
	a					r			³a	n
	⁴s	¹³w	i	m	¹⁵s				n	
		e			⁵t	o	¹⁷d	a	y	
		l			u		o			¹⁹h
	⁶a	l	l		⁷d	o	e	s		i
	n				i		s		⁸i	s
	⁹y	o	¹⁴u		e		¹⁰n	o	t	
			s		s		,			²⁰u
	¹¹g	o	e	s			¹²t	h	i	s

解説

ヨコのヒント

③ 母音の前では a は an になる。
④ 主語が3人称単数なので，動詞に s がつく。
⑦ Mary は3人称単数なので，疑問文は Do ではなく Does で始まる。
⑪ 主語が3人称単数のとき，go は goes になる。
⑫ this は「これは」のほか，「この」の意味にも使われる。

タテのヒント

❶ have には「持っている」のほか「飼う」の意味もある。
❻ 「いくらかの」という意味の some は，疑問文や否定文では any に変わる。
⓭ 「じょうずに，うまく」は well。
⓯ 主語が3人称単数のとき，study は studies となる。
⓱ Tom は3人称単数なので，否定文では don't ではなく doesn't を使う。
⓲ 「何本もの」は「多くの」ということ。
⓳ 「彼のだ」は「彼のもの」ということ。
⓴ with など前置詞の後では，代名詞は目的格（「〜を，〜に」の形）を使う。

34 迷走パズル1

パズル

★3人称単数など

次のクイズに答えてください。答えは下図の左上の角（(1)ではA，(2)ではT）からスタートし，アルファベットをたどって文を見つけるとわかります。文は上下左右あちこちに曲がりながら続いていますが，クロスすることはありません。

(1) アユミが好きなのは誰？
　①ケンジ　　②ダイスケ　　③アキオ

スタート➡

A	Y	U	M	O	V	E
Y	E	K	I	L	E	D
U	M	U	S	O	A	K
M	I	R	I	V	E	I
O	L	O	A	D	S	O
B	E	V	T	N	J	I
E	N	E	K	E	D	A

(2) その指輪は誰のもの？
　①ナオコのもの　　②アキのもの　　③エリのもの

スタート➡

T	H	E	N	S	A	K
H	A	R	I	I	T	I
E	R	U	N	G	U	S
S	I	N	S	I	S	'
'	N	G	I	K	E	N
O	K	A	S	'	R	I
'	O	A	N	A	'	O

（'はアポストロフィー）

解答と解説

(1) アユミが好きなのは，③ダイスケ。

A	Y	U	M	O	V	E
Y	E	K	I	L	E	D
U	M	U	S	O	A	K
M	I	R	I	V	E	I
O	L	O	A	D	S	O
B	E	V	T	N	J	I
E	N	E	K	E	D	A

Ayumi loves Daisuke と読める。

　Ayumi love Kenji および Ayumi love Akio という文もあるが，いずれも love に s がついておらず，まちがい。

(2) 指輪は，①ナオコのもの。

T	H	E	N	S	A	K
H	A	R	I	I	T	I
E	R	U	N	G	U	S
S	I	N	S	I	S	'
'	N	G	I	K	E	N
O	K	A	S	'	R	I
'	O	A	N	A	'	O

The ring is Naoko's と読める。

　The ring is Akis にはアポストロフィー s ('s) がついておらず，また The ring is Eri は「その指輪はエリだ」という意味になってしまうので，まちがい。

35 クリスクロス2

パズル

can, 命令文

右の日本語に合うように（　　）内に適当な単語をおぎない，それを1字ずつ下の□に入れてください（すべて小文字で入れ，アポストロフィーも1字に数えます）。全部入れると，太線で囲まれた部分にある単語が浮かび上がります。その単語は何でしょう？

1. I (①) play the piano.　　　　　　私はピアノが弾ける。
2. (②) me !　　　　　　　　　　　私を助けて！
3. (③) Tom speak Japanese ?　　　　トムは日本語を話しますか？
4. He (④) do anything.　　　　　　彼は何もできない。
5. (⑤) open the box.　　　　　　　その箱を開けるな。
6. (⑥) play soccer in the park.　　　公園でサッカーをしよう。
7. (⑦) come to my house.　　　　　私の家に来てください。
8. (⑧) your name here.　　　　　　ここに自分の名前を書きなさい。
9. He can't run (⑨) fast.　　　　　　彼はあまり速く走れない。

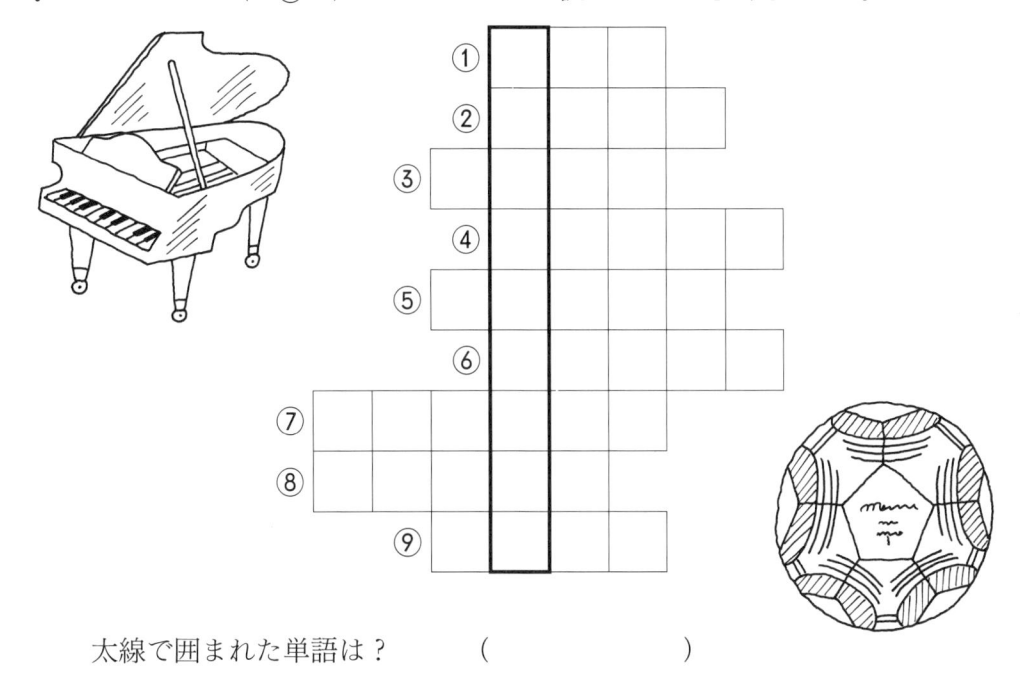

太線で囲まれた単語は？　　（　　　　　　）

解答

①		c	a	n	
②		h	e	l	p
③	d	o	e	s	
④		c	a	n	'	t
⑤	d	o	n	'	t
⑥		l	e	t	'	s
⑦	p	l	e	a	s	e
⑧	w	r	i	t	e
⑨		v	e	r	y

太線で囲まれた単語：chocolate（チョコレート）
（チャカリット）

解説

2．命令文では主語が省略されるため，動詞が最初にくる。
3．ふつうの疑問文。ただし Tom は3人称単数。
4．否定文では anything は「何も（…ない）」の意味になる。
5．否定の命令は，動詞の前（つまり文頭）に Don't をつける。
6．「～しよう」は Let's ～。
7．ていねいな命令は，文頭あるいは文末に please をつける。
9．否定文では，very は「あまり（…ない）」の意味になる。

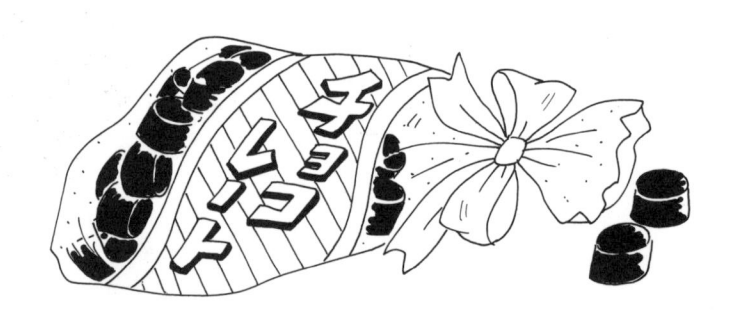

36 ワードサーチ１

パズル

疑問詞

（　　）に適当な単語をおぎない，その単語を下の表から探して◯で囲んでください。表の中の単語はタテ（上→下）あるいはヨコ（左→右）につながっています。そしてこれらの単語は４カ所でクロスしていて，そのクロスした字（４つ）を組み合わせると体の部分を示すある単語をつくることができます。その単語は何でしょう？

1. (   ) is that boy?   He is my brother.
2. (   ) do you study?   I study after dinner.
3. (   ) does John live?   He lives in New York.
4. (   ) do you do after school?   I play baseball.
5. (   ) car is this?   It's my uncle's.
6. (   ) do you go to school?   I go to school by bus.
7. (   ) is your bike, this one or that one?   This one is mine.
8. How (   ) is Mary?   She is twelve years old.
9. What (   ) do you get up?   I get up at seven o'clock.
10. What (   ) is today?   It's Tuesday.

w	e	n	d	a	p	t	w
h	w	h	i	c	h	u	h
e	d	o	w	h	o	s	e
n	t	w	y	a	n	o	r
a	i	o	o	l	d	n	e
w	m	w	w	h	a	t	h
h	e	h	o	r	y	e	w
o	b	u	n	o	n	h	y

体の部分を示す単語は？　　（　　　　　　　）

解答と解説

1. (Who) is that boy? He is my brother.

    Who is ～?（～は誰?）に対する答えとしては，名前のほかに my brother など血縁関係を表す単語がくることもある。
2. (When) do you study? I study after dinner.
3. (Where) does John live? He lives in New York.
4. (What) do you do after school? I play baseball.
5. (Whose) car is this? It's my uncle's.
6. (How) do you go to school? I go to school by bus.
7. (Which) is your bike, this one or that one? This one is mine.

    ここでの one は「もの」の意味。
8. How (old) is Mary? She is twelve years old.
9. What (time) do you get up? I get up at seven o'clock.
10. What (day) is today? It's Tuesday.

    What day is (it) today? は曜日を問うもの。「今日は何日ですか?」は What day of the month is (it) today? あるいは What is the date (of) today? などと言う。

w	e	n	d	a	p	t	w
h	w	h	i	c	h	u	h
e	d	o	w	h	o	s	e
n	t	w	y	a	n	o	r
a	i	o	o	l	d	n	e
w	m	w	w	h	a	t	h
h	e	h	o	r	y	e	w
o	b	u	n	o	n	h	y

体の部分を示す単語：head（頭）

37 クロスワードパズル3

パズル

現在進行形

ヨコ，タテのヒントにあてはまる単語を，ヒントの番号で始まる□に1字ずつ書き入れて，パズルを完成させてください（すべて小文字で書いてください）。

ヨコのヒント

① 彼女は英語を勉強している。
　She is ＿＿ English.
② 東京に住む　live ＿＿ Tokyo
③ 彼女も医者だ。　She is a doctor, ＿＿.
④ 立ち上がるな。　＿＿ stand up.
　＊アポストロフィーも1字に数える。
⑤ 高い建物　a ＿＿ building
⑥ ジェーンは読書中ですか？
　＿＿ Jane reading a book?
⑦ 自転車で行きなさい。　＿＿ by bike.
⑧ 私は今彼女を手伝っていない。
　I'm ＿＿ helping her now.
⑨ ケンとユミは朝食を食べているのですか？
　＿＿ Ken and Yumi having breakfast?
⑩ 彼女はお金を持っているの？
　Does she have ＿＿ money?

タテのヒント

❶ 彼は今泳いでいる。
　He is ＿＿ now.
❹ あなたは今何をしているの？
　What are you ＿＿ now?
⑪ あなたは今日何をするの？
　What do you ＿＿ today?
⑫ Which house is yours?
　That white ＿＿ is.
⑬ 彼女は眠っていない。
　She ＿＿ sleeping.
　＊アポストロフィーも1字に数える。
⑭ トムは写真を撮っている。
　Tom is ＿＿ pictures.
⑮ 起きなさい。　＿＿ up.
⑯ 私はよく音楽を聞く。
　I often ＿＿ to music.
⑰ それはどうやって食べるの？
　＿＿ do you eat it?

解答

		¹s	t	¹¹u	¹³d	y	¹⁵i	n	g		
		w		e		o		s		e		¹⁷h
		²i	n			n		n		³t	o	o
		m			⁴d	o	n	'	¹⁴t			w
		m		o				⁵t	a	l	¹⁶l	
		i		i				k			⁶i	s
		n		n				i				s
		g		⁷g	¹²o			⁸n	o	t		
					n				g		e	
			⁹a	r	e			¹⁰a	n	y		

解説

ヨコのヒント

⑤ a high building とも言うが，細くて高い建物は a tall building が一般的。

⑨ 現在進行形の疑問文。主語は Ken and Yumi で複数なので，Are で始める。

⑩ 「いくらかの」という意味の some は，疑問文や否定文では any に変わる。

タテのヒント

❶ swim は，ing をつけるとき，m を重ねて swimming とする。ほかの例としては run → running があげられる。

❹および⓫　現在進行形と現在形の違いに注目（⓫は実は未来のことを言っているが，ごく近い未来なので現在形で代用している）。

⓬　この場合の one は「もの」という意味。

⓮　e で終わる動詞は e を取って ing をつける。

38 クリスクロス3

パズル

There is／are〜

（　）に適当な単語をおぎない，下の□に1字ずつ入れてパズルを完成させてください（すべて小文字で入れてください）。同じ番号には同じ単語が入ります。その上で，太線で囲んだ字を組み合わせると，ある方角を示す単語になります。その方角は何でしょう？

1. What （ ① ） （ ② ） on the table?
   There is an album.
2. （ ③ ） （ ② ） a lot of children in the park?
   Yes, there are.
3. （ ④ ） （ ① ） Jane?
   She is in her room.
4. （ ④ ） （ ③ ） the houses?
   They are on the hill.
5. Are there any animals there?
   Yes, there are （ ⑤ ） kangaroos.
6. （ ⑥ ） （ ⑦ ） pictures are there on the wall?
   There aren't （ ⑧ ） pictures.

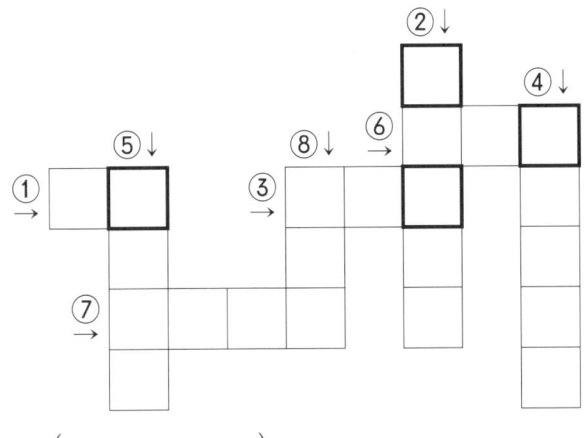

方角は？　（　　　　　　　）

解答

1. What (is) (there) on the table? テーブルの上には何がありますか？
   There is an album. アルバムがあります。
2. (Are) (there) a lot of children in the park?
   公園にはたくさんの子どもがいますか？
   Yes, there are. はい，います。
3. (Where) (is) Jane? She is in her room.
   ジェインはどこにいますか？ 自分の部屋にいます。
4. (Where) (are) the houses? それらの家はどこにありますか？
   They are on the hill. 丘の上にあります。
5. Are there any animals there? そこには動物がいますか？
   Yes, there are (some) kangaroos. はい，何匹かのカンガルーがいます。
6. (How) (many) pictures are there on the wall?
   壁には何枚の絵（写真）がかかっていますか？
   There aren't (any) pictures. 絵（写真）は1枚もかかっていません。

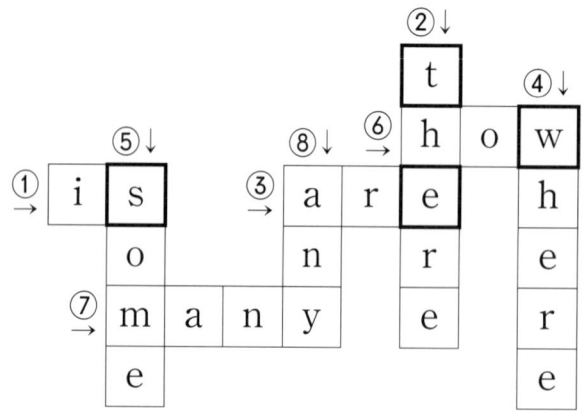

						②↓			④↓
						t			
	⑤↓			⑧↓	⑥→	h	o	w	
①→ i	s		③→	a	r	e		h	
	o			n		r		e	
⑦→ m	a	n	y		e		r	
	e						e	

方角：west（西）

解説

1～6．ここに出てくる is, are はすべて「～です」ではなく「～がある，いる」という意味に使われている。

5．there が2つ出てくるが，最初のものは there is, there are で組になって「～がある，いる」の意味をつくる。後の there は「そこに」の意味。

6．aren't (isn't) any ～ で「～はまったくない」の意味になる。

39 しりとり2

パズル

単語とそのつづり3

□に1字ずつアルファベット（小文字）を入れて単語をつくり，しりとりを完成させてください。

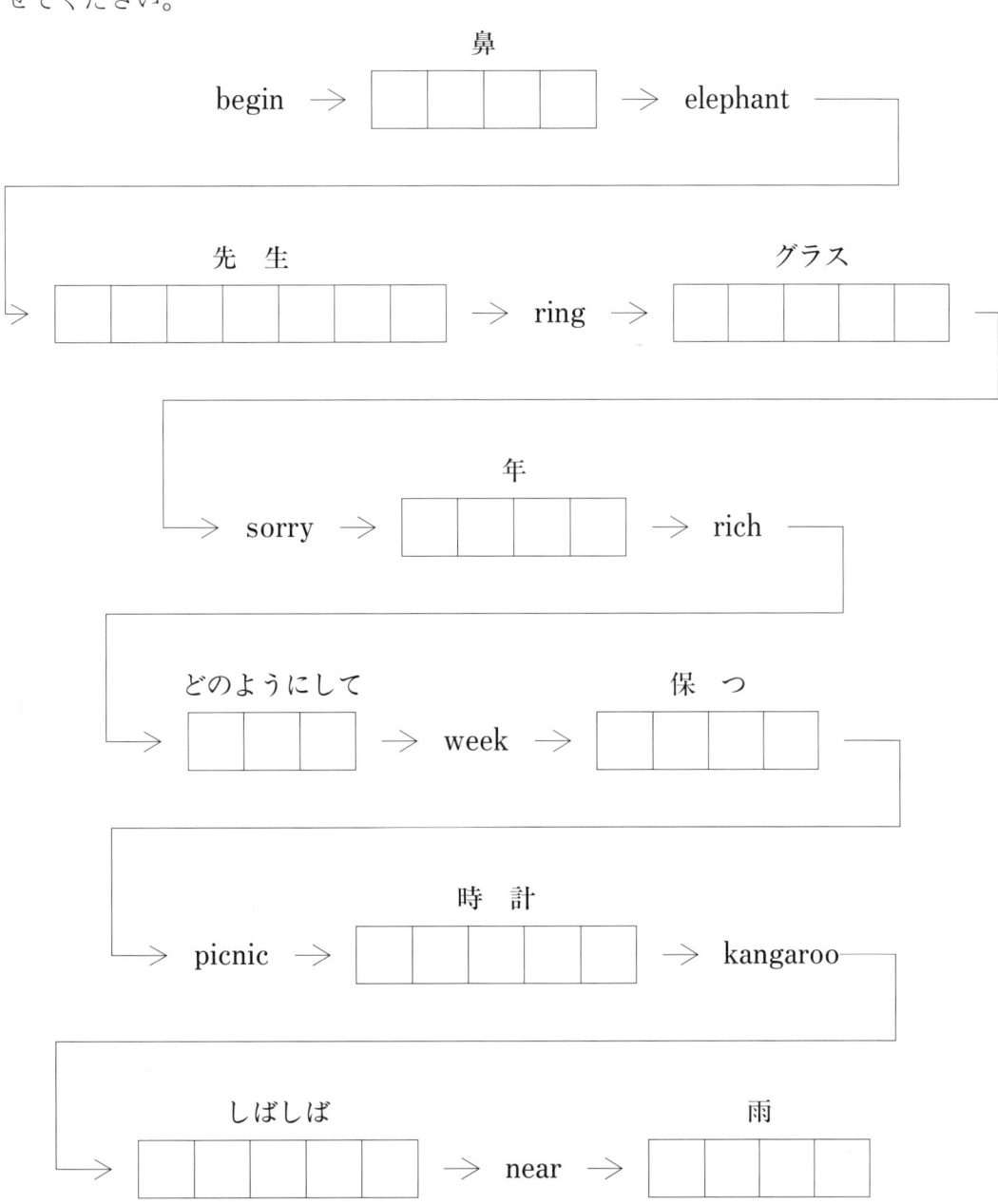

begin → □□□□(鼻) → elephant →

→ □□□□□□(先生) → ring → □□□□□(グラス) →

→ sorry → □□□□(年) → rich →

→ □□□(どのようにして) → week → □□□□(保つ) →

→ picnic → □□□□□(時計) → kangaroo →

→ □□□□□(しばしば) → near → □□□□(雨)

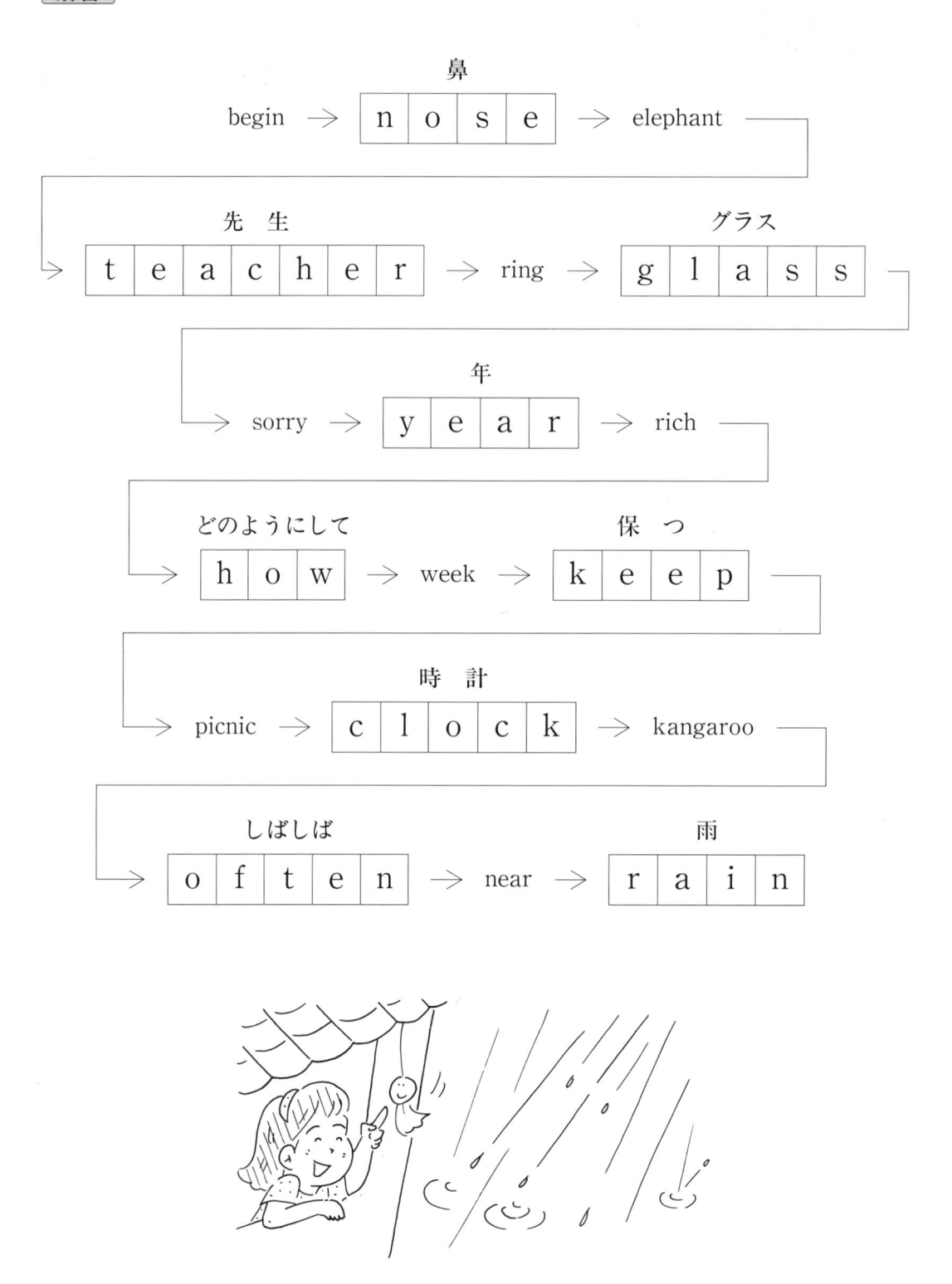

解答

begin → **nose** (鼻) → elephant → **teacher** (先生) → ring → **glass** (グラス) → sorry → **year** (年) → rich → **how** (どのようにして) → week → **keep** (保つ) → picnic → **clock** (時計) → kangaroo → **often** (しばしば) → near → **rain** (雨)

40 クロスワードパズル4

パズル

※過去形

ヨコ，タテのヒントにあてはまる単語を，ヒントの番号で始まる□に1字ずつ書き入れて，パズルを完成させてください（すべて小文字で書いてください）。

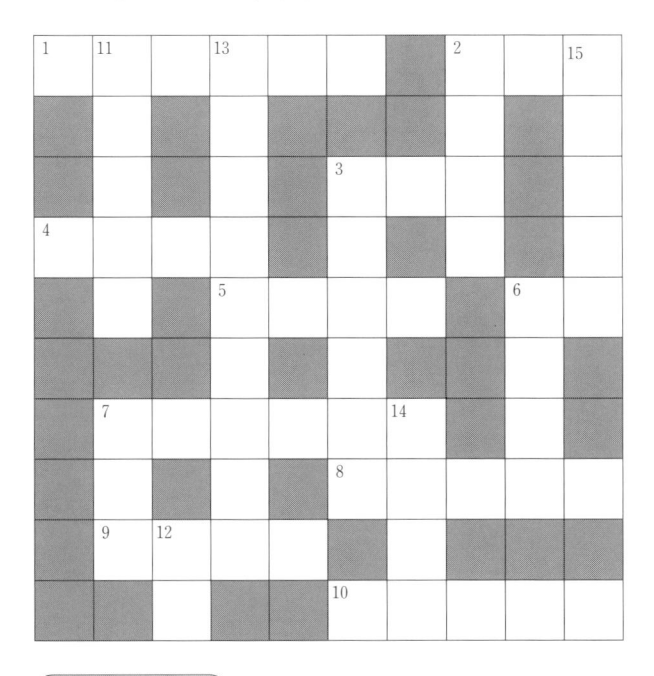

⑩ その木の下にベンチがある。
There is a bench ____ the tree.

タテのヒント

❷ 私は去年アメリカを訪れた。
I visited America ____ year.

❸ その映画は面白くなかった。
The movie ____ interesting.
*アポストロフィーも1字に数える。

❻ その人たちは幸福だったの？
____ the people happy?

❼ 彼らはよく働きましたか？
____ they work hard?

⓫ 彼は長くそこに住んでいた。
He ____ there for a long time.

⓬ 家に（で）____ home

⓭ きのうは暖かかったの？
Was it warm ____ ?

⓮ そのとき彼女は若かった。
She was young ____ .

⓯ あの子どもたちを見て！
Look at ____ children!

ヨコのヒント

① 私は放課後テニスをした。
I ____ tennis after school.

② 多くの家　a ____ of houses

③ 私は忙しかった。　I ____ busy.

④ お会いできてうれしいです。
Nice to ____ you.

⑤ くよくよするな。　Take it ____ .

⑥ Are you students? Yes, ____ are.

⑦ 彼女はそこへ行かなかった。
She ____ go there.
*アポストロフィーも1字に数える。

⑧ one, two, ____ , four, five

⑨ 2日間で　in two ____

解答

	1p	11l	a	13y	e	d		2l	o	15t
		i	░	e	░	░	░	a	░	h
		v	░	s	░	3w	a	s	░	o
4m	e	e	t	░	░	a	░	t	░	s
░	░	d	░	5e	a	s	y	░	6w	e
░	░	░	░	r	░	n	░	░	e	░
░	7d	i	d	n	'	14t	░	░	r	░
░	i	░	░	a	░	8t	h	r	e	e
░	9d	12a	y	s	░	e	░	░	░	░
░	░	t	░	░	░	10u	n	d	e	r

解説

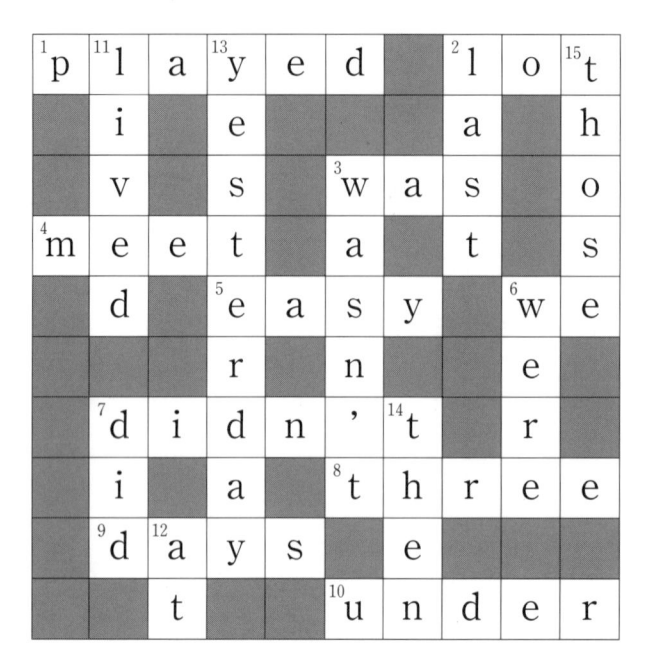

ヨコのヒント

④ Nice to meet you. は初対面のときのもっともふつうのあいさつ。

⑤ Take it easy. は「気楽にやれ。」という意味。「じゃあね。」という別れのあいさつにも使われる。

⑥ students と複数形になっているので，この you は「あなたたち」の意味。

タテのヒント

⑥ people は「人びと」という意味なので，s はついていないが複数として扱う。

⑬ この it は天候をあらわす文の形式的な主語で，日本語には訳さない。

⑮ those は that（あの，あれ）の複数形。子どもが1人なら that child（あの子ども），2人以上なら those children（あの子どもたち）。

41 ワードサーチ2

パズル

※不規則動詞の過去形

　以下に示した動詞はいずれも不規則動詞です。これらの動詞の過去形を下の表から探して◯で囲んでください。表の中の単語はタテ（上→下）あるいはヨコ（左→右）につながっています。そしてこれらの単語は4カ所でクロスしていて，そのクロスした字（4つ）を組み合わせると，ある単語（白いものです）をつくることができます。その白いものは何でしょう？

1. see
2. come
3. say
4. make
5. run
6. get
7. go
8. tell
9. begin
10. teach

a	m	a	d	e	n	t	o
t	u	r	e	d	g	o	t
a	p	s	a	w	o	l	d
u	r	a	d	e	n	d	a
g	o	i	h	n	o	t	r
h	i	d	u	t	o	m	a
t	e	a	b	e	g	a	n
o	c	a	m	e	d	a	y

白いものは？　　（　　　　　　）

解答

1. saw
2. came
3. said
4. made
5. ran
6. got
7. went
8. told
9. began
10. taught

a	m	a	d	e	n	t	o
t	u	r	e	d	g	o	t
a	p	s	a	w	o	l	d
u	r	a	d	e	n	d	a
g	o	i	h	n	o	t	r
h	i	d	u	t	o	m	a
t	e	a	b	e	g	a	n
o	c	a	m	e	d	a	y

白いもの：snow（雪）

Column　動物の鳴き声

　動物の鳴き声のあらわし方は言語によってまちまちです。日本語では犬の鳴き声は「ワンワン」ですが，英語ではbowwow[báuwáu]（バウワウ）です。以下，英語での動物の鳴き声のあらわし方を紹介しましょう。

　　猫　　　　mew[mjúː]（ミュー）あるいはmeow[miáu]（ミアウ）
　　牛　　　　moo[múː]（ムー）
　　馬　　　　neigh[néi]（ネイ）
　　羊　　　　baa[báː]（バー）
　　豚　　　　oink[ɔ́iŋk]（オインク）
　　カラス　　caw[kɔ́ː]（コー）
　　ニワトリ　cock-a-doodle-doo[kákədùːdldúː]（カカドゥードゥルドゥー）

42 あみだパズル2

パズル

接続詞

点線で囲ったわくの中に1本の縦線をおぎなって、左右をつなげると、すべての文が成り立つようにしてください。

(1)
① Tom loved Mary, so　　　　　　　　　　　　　loves Ichiro.
② Ami, Saki and Yuka　　　　　　　　　　　　　love Fumiya.
③ Aiko, Ryoko or Mako　　　　　　　　　　　　he left her.
④ Tom loved Mary, but　　　　　　　　　　　　he married her.

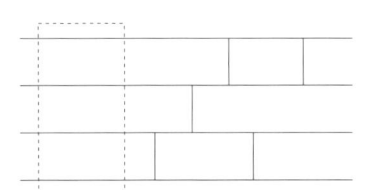

(2)
① I took a bath　　　　　　　　　　　　　after she finished the work.
② She went shopping　　　　　　　　　　when she came home.
③ She didn't go out　　　　　　　　　　　because she was tired.
④ I was in bed　　　　　　　　　　　　　before I went to bed.

＊ヒント：後ろからたどるとわかりやすいでしょう。

解答と解説

(1)

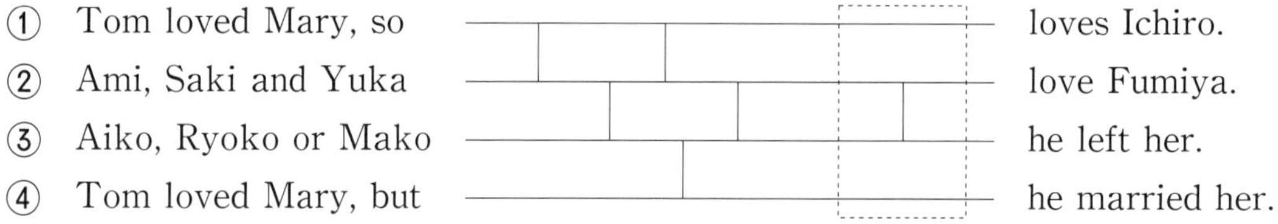

① Tom loved Mary, so ──── loves Ichiro.
② Ami, Saki and Yuka ──── love Fumiya.
③ Aiko, Ryoko or Mako ──── he left her.
④ Tom loved Mary, but ──── he married her.

① Tom loved Mary, so he married her.
　トムはメアリーを愛していたので，彼女と結婚した。

② Ami, Saki and Yuka love Fumiya.
　アミとサキとユカはフミヤを愛している（3人ともがフミヤを愛しているので，主語は複数）。

③ Aiko, Ryoko or Mako loves Ichiro.
　アイコかリョーコかマコがイチローを愛している（3人のうちの1人がイチローを愛しているので，主語は単数）。

④ Tom loved Mary, but he left her.
　トムはメアリーを愛していたが，彼女と別れた。

(2)

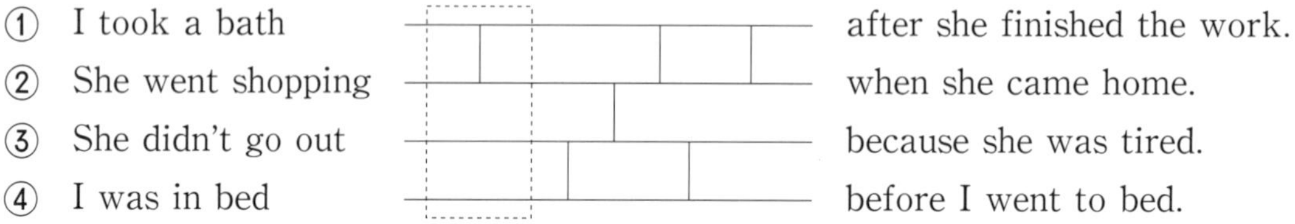

① I took a bath ──── after she finished the work.
② She went shopping ──── when she came home.
③ She didn't go out ──── because she was tired.
④ I was in bed ──── before I went to bed.

① I took a bath before I went to bed.
　私は寝る前にふろに入った。

② She went shopping after she finished the work.
　彼女はその仕事を終えた後買い物に出かけた。

③ She didn't go out because she was tired.
　彼女は疲れていたので外出しなかった。

④ I was in bed when she came home.
　彼女が帰宅したとき，私は寝ていた。

43 クロスワードパズル5

パズル

※未来形

ヨコ，タテのヒントにあてはまる単語を，ヒントの番号で始まる□に1字ずつ書き入れて，パズルを完成させてください（すべて小文字で書いてください）。

⑩ 彼は朝早く家を出た。
He left home ____ in the morning.

タテのヒント

⑤ 彼女の声が聞こえた。
I ____ her voice.

⑪ もう1度来てくれませんか？
Will you come ____ ?

⑫ 私は来週はここに来ています。
I will ____ here next week.

⑬ 彼は寝ているだけだよ。
He is ____ sleeping.

⑭ 私がその仕事をします。
I ____ do the work.

⑮ そのかばんを持ちましょうか？
____ I carry the bag?

⑯ どうやってそこに着いたの？
How did you ____ there?

⑰ I liked her, ____ I invited her.

⑱ メアリーは子羊を飼っている。
Mary ____ a little lamb.

⑲ 彼女はとても速く走った。
She ____ very fast.

⑳ 明日は雨が降るでしょうか？
Will it rain ____ ?

ヨコのヒント

① 私は今晩その本を読むつもりだ。
I'm ____ to read the book tonight.

② your mother's (or father's) sister

③ Shall we have lunch? Yes, ____.
＊アポストロフィーも1字に数える。

④ 私にはお金がない。 I have ____ money.

⑤ Did you see Taro there?
Yes, I talked with ____.

⑥ 彼女を招待する気なの？
____ you going to invite her?

⑦ 空中高く high up in the ____

⑧ How old are you? I'm ten ____ old.

⑨ なつかしい昔 good ____ days

解答

			¹¹a		¹⁴w					¹⁹r	
			¹g	o	i	n	g		¹⁸h	a	
			a		l	e		²a	u	n	²⁰t
			i	³l	e	t	'	s			o
		⁴n	¹³o					⁵h	i	m
			n		¹⁵s		⁶a	r	e		o
			l		h			⁷a	i	r
			⁸y	e	a	r	¹⁷s		r		r
	¹²b			l			⁹o	l	d		o
	¹⁰e	a	r	l	y						w

解説

ヨコのヒント

② your mother's (or father's) sister つまり「あなたのお母さん（またはお父さん）の姉妹」は「おば」。

③ Shall we have lunch? Yes, let's.「昼食を食べましょうか？」「はい，そうしましょう。」

⑤ Did you see Taro there? Yes, I talked with him.「そこでタローに会いましたか？」「はい。彼と話をしました。」

タテのヒント

❺ hear の過去形は heard。

⓬ will（助動詞一般）の後では，動詞はかならず原形になる。

⓯ Shall I ~ ? は相手の意思を問う言い方で，「~しましょうか？」の意味になる。

⓰「そこに着く」は get there。後に名詞（地名など）がくるときには get to Osaka などのように to が必要。「着く」にはほかに arrive at, reach がある。

⓱ I liked her, so I invited her.「私は彼女が気に入ったので，彼女を招待した。」

⓲「子羊」は lamb。歌の文句。

44 クリスクロス4

パズル

助動詞

右の日本語に合うように（　　）内に適当な単語をおぎない，それを1字ずつ下の□に入れてください（すべて小文字で入れてください）。全部入れると，太線で囲まれた部分にある単語が浮かび上がります。その単語は何でしょう？

1. （ ① ） you open the window?　　窓を開けてくれませんか？
2. You (②) to start at once.　　あなたはすぐに出発しなくてはなりません。
3. I (③) like to stay here.　　ここに残っていたいのですが。
4. (④) I have a cup of coffee?　　コーヒーを一杯ください。
5. Will she be (⑤) to play the piano tomorrow?
   彼女は明日ピアノが弾けるでしょうか？
6. He (⑥) study tonight.　　彼は今晩勉強しなくてはなりません。
7. (⑦) you tell me the way to the station?
   駅への道を教えていただけませんか？
8. (⑧) I wash the dishes?　　皿を洗いましょうか？
9. You (⑨) leave now.　　もう帰っていいです。

太線で囲まれた単語は？　　　（　　　　　　）

解答

						①	w	i	l	l
				②	h	a	v	e		
			③	w	o	u	l	d		
					④	c	a	n		
				⑤	a	b	l	e		
					⑥	m	u	s	t	
		⑦	c	o	u	l	d			
				⑧	s	h	a	l	l	
					⑨	m	a	y		

太線で囲まれた単語：Wednesday（水曜日）

解説

1．よりていねいには Would you～ とする。

3．ていねいな言い方。単に「ここに残りたい。」なら I want to stay here.

4．口語的な言い方。Can は May でもよい。

5．will と can（つまり助動詞2つ）は重ねることができないので，can を be able to に置き換える。

7．ていねいな言い方。Could は Would でもよい。

9．may は can でもよい。

45 ワードサーチ3

パズル

形容詞と副詞

　右の日本語の意味になるように（　　　）に適当な単語をおぎない，その単語を下の表から探して◯で囲んでください。表の中の単語はタテ（上→下）あるいはヨコ（左→右）につながっています。そしてこれらの単語は5カ所でクロスしていて，そのクロスした字（5つ）を組み合わせるとある単語（大切なものです）をつくることができます。その大切なものとは何でしょう？

1. She is sometimes (　　　) for school.　彼女はときどき学校に遅刻する。
2. (　　　) you can go there.　あなただけがそこに行けるのです。
3. Do you have (　　　) questions？　何か質問がありますか？
4. There were (　　　) people there.　そこにはほとんど人がいなかった。
5. I understood her English a (　　　).　私は彼女の英語が少しわかった。
6. We didn't have (　　　) rain last month.　先月はあまり雨が降らなかった。
7. I don't know him, (　　　).　私も彼を知りません。
8. There is (　　　) white on the table.　テーブルの上に何か白いものがある。
9. How (　　　) do you go to the movies？
   あなたは何回（どのぐらいひんぱんに）映画を見に行きますか？
10. I go to the movies (　　　) a week.　私は週に1回映画を見に行く。

s	o	m	e	t	h	i	n	g
u	t	u	d	o	m	g	a	m
e	s	c	h	o	i	r	f	o
i	v	h	u	o	f	t	e	n
t	o	o	l	n	e	e	l	c
h	a	v	e	l	w	r	a	e
e	m	a	n	y	e	d	t	v
r	e	e	s	h	u	f	e	w
l	i	t	t	l	e	r	o	y

大切なものは？
（　　　　　）

75

解答と解説

1. She is sometimes (late) for school.
2. (Only) you can go there.
3. Do you have (any) questions?
4. There were (few) people there.
   few は「ほとんどない」という否定的な意味になる。一方 a few は「少数の」という肯定的な意味になる。
5. I understood her English a (little).
   a little は「少しの，少し」という肯定的な意味になる。一方 little は「ほとんどない」という否定的な意味になる。
6. We didn't have (much) rain last month.
   同じ「多くの」という意味でも many は「数」を，much は「量」を示す。rain は数えられないので much。not ～ much は「あまり多くない」という意味。
7. I don't know him, (either).
   「～もまた」は肯定文では too，否定文では either を使う。
8. There is (something) white on the table.
   something, nothing などに形容詞をつけるときは，後につける。
9. How (often) do you go to the movies?
   How often の文字通りの意味は「どのぐらいしばしば」で，頻度を問うている。
10. I go to the movies (once) a week.

大切なもの：money
（お金）

46 ジャンブル２

パズル

※単語とそのつづり４

　ごちゃまぜになっているアルファベットをうまくつなぎ合わせ，単語をつくってください。また（　　　）の中にその意味を書いてください。単語は下の絵にあるものの名前です。

1. m a h
   ＿＿＿＿＿＿（　　　　）

2. a e c k
   ＿＿＿＿＿＿（　　　　）

3. n e i w
   ＿＿＿＿＿＿（　　　　）

4. g u r a s
   ＿＿＿＿＿＿（　　　　）

5. e a r b d
   ＿＿＿＿＿＿（　　　　）

6. p a e l p
   ＿＿＿＿＿＿（　　　　）

7. t u r b e t
   ＿＿＿＿＿＿（　　　　）

8. f e c o e f
   ＿＿＿＿＿＿（　　　　）

9. k c i h e n c
   ＿＿＿＿＿＿（　　　　）

10. e g e e b t l a v
    ＿＿＿＿＿＿（　　　　）

解答

1. m a h
   ham　　（　ハム　）

2. a e c k
   cake　　（　ケーキ　）

3. n e i w
   wine　　（　ワイン　）

4. g u r a s
   sugar　　（　砂糖　）

5. e a r b d
   bread　　（　パン　）

6. p a e l p
   apple　　（　リンゴ　）

7. t u r b e t
   butter　　（　バター　）

8. f e c o e f
   coffee　　（　コーヒー　）

9. k c i h e n c
   chicken　　（チキン，鶏肉）

10. e g e e b t l a v
    vegetable　　（　野菜　）

Column　いちばん短い単語・いちばん長い単語

　英語でいちばん短い単語は，1文字だけでできているa（1つの）とI（私は）です。一方，いちばん長い単語として知られているのは

　　pneumonoultramicroscopicsilicovolcanoconiosis

　　[n(j)úːməno(u) ʌ́ltrəmàikrəskɑ̀pik-síliko(u)vɑlkéino(u)kòunióusis]

で，意味は「肺塵症（はいじんしょう）」です。この単語は実はいくつかの単語がつながってできたもので，それを区切ると，

　　pneumono（肺の）・ultra（超）・microscopic（微粒の）・silico（ケイ素の）・
　　volcano（火山岩の）・coni（塵）・osis（病気）

となります。つまり「ケイ素や火山岩の超微粒の塵を吸ったために起こる肺の病気」という意味で，1つの単語の中に病気の原因の解説が入っているわけです。2つや3つの単語がつながってできた単語はめずらしくありませんが，これだけ長くなったもの（何と45字です）は英語でも例外中の例外です。

47 あみだパズル3

パズル
不定詞と代名詞

点線で囲ったわくの中に2本の縦線をおぎなって，左右をつなげると，すべての文が成り立つようにしてください。

(1)
① She was happy — to see her son again.
② I have a lot of work — going to bed.
③ They usually stop — saying goodbye.
④ I watched TV before — to do.
⑤ She went out without — talking when I go into the room.

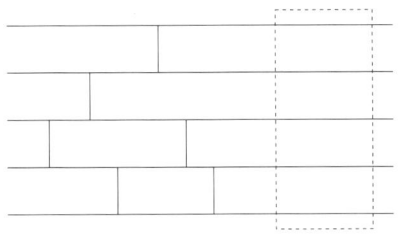

(2)
① His job is — doing his homework.
② We usually enjoy — to do his homework.
③ My brother finished — to eat.
④ He went to the library — to drive a bus.
⑤ Please give me something — going to the movies on Sundays.

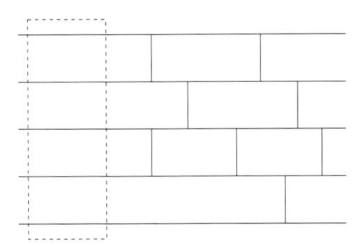

＊ヒント：後ろからたどるとわかりやすいでしょう。

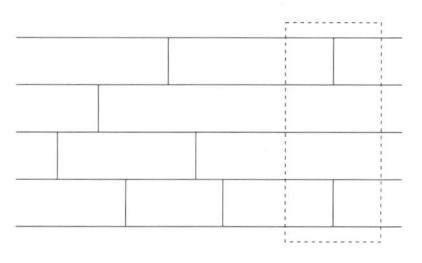

解答と解説

(1)

① She was happy ——— to see her son again.
② I have a lot of work ——— going to bed.
③ They usually stop ——— saying goodbye.
④ I watched TV before ——— to do.
⑤ She went out without ——— talking when I go into the room.

① She was happy to see her son again.　彼女は息子と再会して幸福だった。
② I have a lot of work to do.　私にはしなければならない仕事がたくさんある。
③ They usually stop talking when I go into the room.
　　私がその部屋に入っていくと,彼らはたいてい話をやめる (stop＋動名詞は「～するのをやめる」の意味)。
④ I watched TV before going to bed.　私は寝る前にテレビを見た。
⑤ She went out without saying goodbye.
　　彼女はさよならも言わないで出ていった。

(2)

① His job is ——— doing his homework.
② We usually enjoy ——— to do his homework.
③ My brother finished ——— to eat.
④ He went to the library ——— to drive a bus.
⑤ Please give me something ——— going to the movies on Sundays.

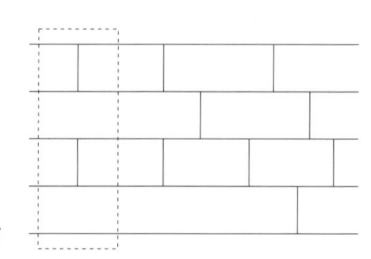

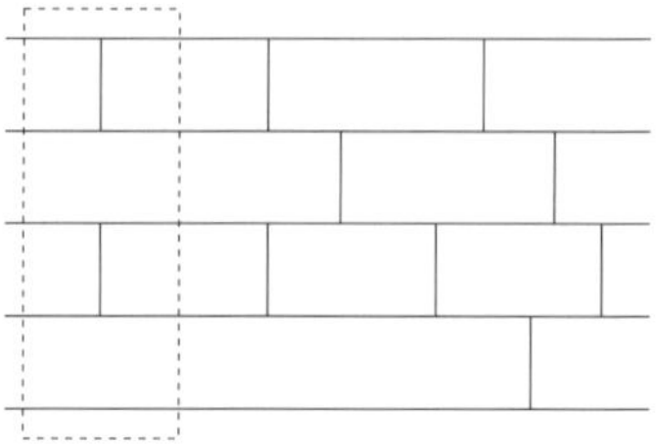

① His job is to drive a bus.　彼の仕事はバスを運転することだ。
② We usually enjoy going to the movies on Sundays.
　　私たちは日曜日はたいてい映画を見に行き,楽しむ(enjoy は動名詞を目的語にとり,不定詞はとらない)。
③ My brother finished doing his homework.
　　私の兄弟は宿題をやり終えた (finish は動名詞を目的語にとり,不定詞はとらない)。
④ He went to the library to do his homework.
　　彼は宿題をしに図書館へ行った。
⑤ Please give me something to eat.　何か食べるものをください。

48 クロスワードパズル6

不定詞と動名詞

ヨコ，タテのヒントにあてはまる単語を，ヒントの番号で始まる□に1字ずつ書き入れて，パズルを完成させてください（すべて小文字で書いてください）。

ヨコのヒント

① 私は宿題をやり終えた。
I finished ___ my homework.
② 彼と一緒に行きなさい。 Go with ___.
③ 2，3日後に ___ a few days
④ 彼は海へ魚釣りに行った。
He went to the sea to ___.
⑤ 彼には食べるものがなかった。
He had nothing to ___.
⑥ すぐに来なさい。 Come at ___.
⑦ 彼は疲れすぎて歩けなかった。
He was ___ tired to walk.
⑧ あなたに見せたいものがある。
I have something to ___ you.
⑨ 女の方がお会いしたいそうです。
A ___ wants to see you.
⑩ Do you have a watch? Yes, I have ___.
⑪ 見ることは信じることだ。
Seeing is ___.

タテのヒント

❶ 私は車の運転が好きだ。
I like to ___ a car.
❼ 早起きするのは楽しい。
___ get up early is fun.
❿ ぼうしをかぶる
put ___ a hat
⓬ そこには人が大勢いますか？
___ there many people there?
⓭ 雨が降っているの？
Is ___ raining?
⓮ 彼は私に歌を歌えといった。
He ___ me to sing a song.
⓯ お会いできてうれしいです。
I'm ___ to meet you.
⓰ 私は医者になりたい。
I want to ___ a doctor.
⓱ 一休みする take a ___
⓲ 彼が行くなら私も行く。
I'll go ___ he goes.
⓳ 雪が止んだ。
It stopped ___.
⓴ あまり希望はありません。
There is not ___ hope.

解答

	¹d	¹³o	¹⁵i	n	g			²h	i	²⁰m
	r		t		l					u
	³i	n		a			¹⁸i			c
	v			d		⁴f	i	¹⁹s	h
⁵e	a	¹⁴t			¹⁷r			n	
		⁶o	n	c	e		⁷t	o	o
		l			⁸s	h	o	w	
⁹l	¹²a	d	y		t			i	
	r			¹⁶b		¹⁰o	n	e	
¹¹b	e	l	i	e	v	i	n	g	

解説

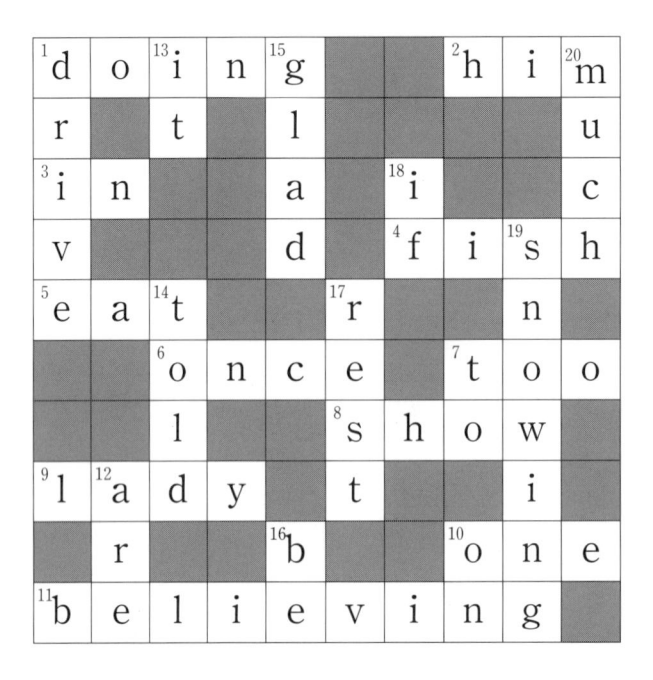

ヨコのヒント

③ He will come in a few days.（彼は2，3日後に来るだろう。）のように未来形では in を使い，He came after a few days.（彼は2，3日後に来た。）のように過去形では after を使う。ここでは2文字なので in。

⑨ lady は woman のていねいな言い方として用いられることがある。

⑩ 特定の腕時計ではないので，it にはならない。

⑪ 「百聞は一見に如かず」ということわざ。

タテのヒント

⑯ be は become でも同じ。

⑳ not much で「あまりない」の意味になる。

49 ワードサーチ4

パズル

前置詞

右の日本語の意味になるように（　　）に適当な前置詞をおぎない，それを下の表から探して◯で囲んでください。表の中の単語はタテ（上→下）あるいはヨコ（左→右）につながっています。そしてこれらの単語は5カ所でクロスしていて，そのクロスした字（5つ）を組み合わせるとある動物の名前になります。その動物は何でしょう？

1. I'm not good (　　) writing a letter. 　私は手紙を書くのが得意ではない。
2. I'll finish it (　　) tomorrow. 　明日までにはそれを仕上げます。
3. She left Tokyo (　　) Paris. 　彼女は東京を出発してパリに向かった。
4. Cut the meat (　　) this knife. 　このナイフでその肉を切りなさい。
5. It happened (　　) 5 and 6. 　それは5時から6時のあいだに起こった。
6. We walked (　　) the river. 　私たちはその川に沿って歩いた。
7. We couldn't go there (　　) of snow.
   私たちは雪のせいでそこに行けなかった。
8. I stayed with my aunt (　　) the summer vacation.
   私は夏休みのあいだおばのところに滞在した。
9. He is popular (　　) young people. 　彼は若者のあいだで人気がある。
10. I walked (　　) the park. 　私は公園を歩いて通り抜けた。

a	b	c	h	u	t	e	n	b
b	e	t	w	e	e	n	e	y
c	c	o	t	a	w	h	e	t
e	a	d	u	r	i	n	g	a
t	u	r	f	u	t	o	o	m
a	s	k	e	n	h	t	h	o
n	e	f	u	z	m	i	t	n
a	s	o	d	a	l	o	n	g
t	h	r	o	u	g	h	u	m

動物は？
（　　　　　　）

解答と解説

1. I'm not good (at) writing a letter.
2. I'll finish it (by) tomorrow.
   「～までに」が by,「～まで」が till（あるいは until）。
3. She left Tokyo (for) Paris.
4. Cut the meat (with) this knife. 「～を使って」は with ～。
5. It happened (between) 5 and 6.
   between A and B で「A と B のあいだに」の意味になる。
6. We walked (along) the river.
7. We couldn't go there (because) of snow.
   because は単独では「～なので」の意味の接続詞だが, because of ～ で「～のために」の意味の前置詞として使われる。
8. I stayed with my aunt (during) the summer vacation.
   during は「～のあいだずっと」という意味だが, I climbed the mountain during the vacation.（私は休暇中にその山に登った。）のように単に「～のあいだに」の意味に使われることもある。
9. He is popular (among) young people.
   between が「2つ（2人）のあいだに」の意味であるのに対し, among は「3つ（3人）以上のあいだに」の意味になる。
10. I walked (through) the park.

a	b	c	h	u	t	e	n	b
b	e	t	w	e	e	n	e	y
c	c	o	t	a	w	h	e	t
e	a	d	u	r	i	n	g	a
t	u	r	f	u	t	o	o	m
a	s	k	e	n	h	t	h	o
n	e	f	u	z	m	i	t	n
a	s	o	d	a	l	o	n	g
t	h	r	o	u	g	h	u	m

動物：tiger（トラ）

50 クリスクロス5

パズル

比較

　右の日本語に合うように（　　）内に適当な単語をおぎない，それを1字ずつ下の□に入れてください（すべて小文字で入れてください）。全部入れると，太線で囲まれた部分にある単語が浮かび上がります。その単語は何でしょう？

1. January is the （ ① ） month of the year.　1月は1年でいちばん寒い月です。
2. This question is （ ② ） than that one.　この問題はあれよりもやさしい。
3. Health is （ ③ ） important than money.　健康はお金よりも重要だ。
4. My bag is （ ④ ） heavy as yours.　私のバッグはあなたのと同じぐらい重い。
5. Does Masao sing （ ⑤ ） of the boys?
　　マサオは男の子の中でいちばん歌がうまいですか？
6. My sister can drive as （ ⑥ ） as you.
　　私の姉はあなたと同じぐらい運転がうまい。
7. Who worked （ ⑦ ）?　誰がいちばん働きましたか？
8. Which do you like （ ⑧ ）, dogs or cats?　犬と猫ではどちらが好きですか？
9. I'm three years （ ⑨ ） than my sister.　私は妹より3つ年上です。

太線で囲まれた単語は？　　（　　　　　　　）

解答

```
            ①  c  o  l  d  e  s  t
② e  a  s  i  e  r
            ③  m  o  r  e
            ④     a  s
         ⑤  b  e  s  t
               ⑥  w  e  l  l
            ⑦  m  o  s  t
⑧ b  e  t  t  e  r
            ⑨  o  l  d  e  r
```

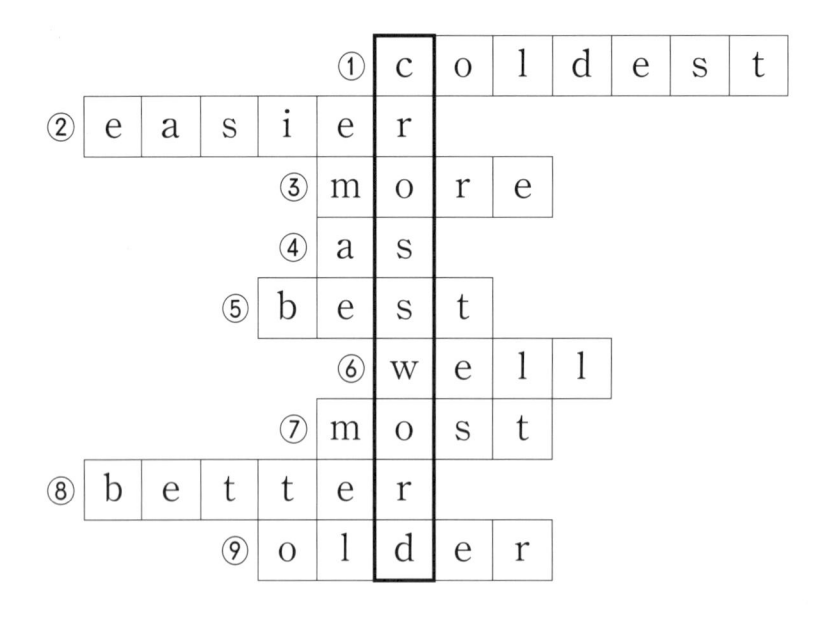

太線で囲まれた単語：crossword（クロスワード）

解説

5．sing best は「もっともうまく歌う」すなわち「歌がいちばんうまい」。

6．drive well は「うまく運転する」すなわち「運転がうまい」。good（うまい）は形容詞なので，drive という動詞は修飾できず，ここでは使えない。

7．Who worked most？は文字通りには「誰がもっとも多く働いたか？」という意味。Who worked the most？と the をつけてもいい。

8．意味からすると like more のように思えるが，慣用的に like better を使う。

51 迷走パズル2

パズル

受動態

次のクイズに答えてください。答えは下図の左上の角（(1)ではT，(2)ではJ）からスタートし，アルファベットをたどって文を見つけるとわかります。文は上下左右あちこちに曲がりながら続いていますが，クロスすることはありません。

(1) ケーキを食べたのは誰？　①アイ　②アミ　③エミ

スタート➡

T	H	E	C	A	K	E	D
H	B	Y	A	I	O	W	T
E	N	Y	B	N	T	A	N
C	E	E	S	E	E	S	E
A	T	M	O	T	A	B	A
K	A	I	T	N	S	E	T
E	S	T	A	Y	B	D	O
W	A	I	M	T	N	E	D

(2) John（ジョン）を殺したのは誰？
　①Sam（サム）　②Bob（ボブ）　③Jim（ジム）

スタート➡

J	O	H	N	W	A	S	K
O	W	S	M	S	K	T	I
H	Y	D	B	I	E	L	L
N	I	E	Y	T	N	O	E
W	N	L	S	Y	B	B	D
A	I	L	A	J	U	Y	T
S	K	O	M	I	N	B	E
D	U	D	D	M	B	O	Y

解答と解説

(1) ケーキを食べたのは，③エミ。

T	H	E	C	A	K	E	D
H	B	Y	A	I	O	W	T
E	N	Y	B	N	T	A	N
C	E	E	S	E	E	S	E
A	T	M	O	T	A	B	A
K	A	I	T	N	S	E	T
E	S	T	A	Y	B	D	O
W	A	I	M	T	N	E	D

The cake was eaten by Emi と読める。

The cake was aten by Ai および The cake was eated by Ami はいずれもつづりにまちがいがある。

(2) John を殺したのは，① Sam。

J	O	H	N	W	A	S	K
O	W	S	M	S	K	T	I
H	Y	D	B	I	E	L	L
N	I	E	Y	T	N	O	E
W	N	L	S	Y	B	B	D
A	I	L	A	J	U	Y	T
S	K	O	M	I	N	B	E
D	U	D	D	M	B	O	Y

John was killed by Sam と読める。

John was kiled by Bob および John was killen by Jim はいずれもつづりにまちがいがある。

52 クロスワードパズル7

パズル
現在完了形

ヨコ，タテのヒントにあてはまる単語を，ヒントの番号で始まる□に1字ずつ書き入れて，パズルを完成させてください（すべて小文字で書いてください）。

ヨコのヒント

① 自分の部屋をそうじした？
　　____ you cleaned your room?
② 授業は始まった？　Has the class ____?
③ その公園では多くの鳥が見られる。
　　Many birds are ____ in the park.
④ 彼の本を読んだことがありますか？
　　Have you ____ read his book?
⑤ 何か飲むもの　something ____ drink
⑥ 私はまだ昼食を食べていない。
　　I haven't had lunch ____.
⑦ ジムは2年間日本に住んでいる。
　　Jim has lived in Japan ____ two years.
⑧ 去年からこの CD が欲しかった。 I have wanted this CD ____ last year.
⑨ どっちのチームが勝ったの？
　　Which team ____?
⑩ 彼女はもうロンドンを去っている。
　　She has ____ left London.

タテのヒント

❶ 彼女は外出したの？
　　____ she gone out?
❷ どこに行っていたの？
　　Where have you ____?
❻ Am I pretty? Yes, ____ are.
❽ その花はそこで売られている。
　　The flower is ____ there.
⓫ 海路で行く　go by ____
⓬ 私は嘘をついたことがない。
　　I've ____ told a lie.
⓭ 明日は忙しいですか？
　　Will you ____ busy tomorrow?
⓮ 門の前に　____ front of the gate
⓯ その少年は走り去った。
　　The boy ____ away.
⓰ ちょうど宿題を終えたところだ。
　　I've ____ finished my homework.
⓱ 姉は帰宅しておりません。
　　My sister hasn't ____ home.
⓲ 台湾に1度行ったことがある。
　　I have been to Taiwan ____.

解答

	¹h	a	v	e			¹³b		¹⁶j	
	a					²b	e	g	u	n
	³s	e	e	¹²n		e		s		
				⁴e	v	e	r		⁵t	¹⁸o
				v		n		¹⁵r		n
			⁶y	e	t			a		c
		⁷f	o	r		⁸s	¹⁴i	n	¹⁷c	e
¹¹s		u		⁹w	o	n			o	
e						l			m	
¹⁰a	l	r	e	a	d	y			e	

解説

ヨコのヒント

④ ever は強調の語。なくても意味は同じ。

⑨ これは過去形で，現在形は win。

タテのヒント

❻ 「私ってきれい？」「きれいよ。」

III ゲーム編

53 ダウト

ゲーム

※数字

○用意するもの
・トランプ（グループの数だけ）。

○進め方
① 教師は生徒に doubt という言葉の意味を説明し，クラスで発音の練習をする。さらに one から thirteen までの数を言う練習をする。
② クラスを4，5人ずつのグループに分ける。各グループは机を寄せ，円くなって座る。
③ 各グループで適当にディーラーを決め，ディーラーはジョーカーを除いた52枚のトランプをすべて配る。
④ じゃんけんでカードを最初に出す人を決め，その人は one と言いながら裏返したエースのカードを中央に置く（実はそのカードはエースでなくてもよい。以下同じ）。
⑤ 次の人は，two と言いながら裏返した2のカードを前のカードに重ねて置く。以下順に three, four, five …… eleven（ジャック），twelve（クイーン），thirteen（キング）と言いながらカードを置いていき，thirteen の次はまた one（エース）に戻る。
⑥ たとえばある人が eleven と言いながらカードを置いたとき，誰か別の人がそのカードはジャックではないと思ったら，"Doubt!" と叫ぶ。カードを開いてみて，ジャックでなければ，置いた人は場に出ているカードをすべて取る。もしジャックだったら，"Doubt!" と叫んだ人がすべて取る。次の人は twelve と言いながらクイーンのカードを中央に置く。こうしてゲームを進め，カードのなくなった順に勝ちとなる。

── ＊バリエーション＊ ──
「ダウト」は月名をおぼえるのに応用することができる。キングを除いた48枚のカードで，January と言いながらエースを，February と言いながら2を，March と言いながら3を，というように出していけばよい。

54 金魚のフンゲーム

Are you ～ ?

○用意するもの
- 3種類の動物（たとえば tiger, elephant, panda）のいずれかを描いた絵カード（pp. 116～117 の絵を利用してもよい）。人数分を3種類がほぼ同数になるように用意する（文字カードでもよい。またカードではなく，小さな紙でもよい）。

○進め方
① 教師は絵カードをよく混ぜ，「（たとえば）tiger, elephant, panda のどれかです」と言いながらそれを生徒に1枚ずつ配る。生徒はそれを他の人に見えないように持っている。
② クラス全員がバラバラになり，出会った相手とじゃんけんをし，勝った人がたとえば "Are you an elephant ?" とたずねる。負けた人は，elephant の絵カードを持っていれば，"Yes, I am." と答える。elephant 以外の絵カードを持っている場合は，"No, I'm not." と答え，反対にじゃんけんに勝った人に "Are you a panda ?" などとたずねる。このようにして，どちらかが相手の絵カードを当てるまで，交互にたずね合う。その後，当てられた人は当てた人の後につく（人数が奇数の場合，余った1人は不戦勝とする）。
③ 次に，1回目に当てた人同士がじゃんけんをし②と同じことを繰り返す。ここで当てられた人は，自分の後ろについていた人ともども，当てた人の後をついて歩く。こうして当て続ける生徒の後ろには長い列ができていく。
④ 最後はクラス全員がA，Bのどちらかの後につく状態になり，AとBとで決着をつける（決着がついたら，全員でビクトリー・ランをしてもよい）。

55 名刺交換ゲーム

ゲーム

❋My name is ～

○用意するもの
- 名刺大のカード（1人5枚ずつ）。
- 赤，青，黄，緑，茶の5色の色えんぴつ(あるいはクレヨン，クレパスなど)。各自に持参させる。

○進め方
① あらかじめ "My name is ○○."，"Nice to meet you." の言い方を練習しておく。
② 教師は1人に5枚ずつのカードを配る。生徒はすべてのカードにローマ字で自分の名前を書き，さらに裏面に色えんぴつなどで別々の色をマークする（1枚1色。中央に直径1cm程度の円を描き，塗りつぶす）。カードはよく混ぜておく。
③ 全員がバラバラになり，出会った相手と "Hi！ My name is Daisuke Suzuki. Nice to meet you." などと言いながらカードを交換する。その際もらったカードの裏面は見ないようにする。これを5回繰り返し，5人の人とカードを交換する。
④ 5枚とも交換し終わってから，各自もらった5枚のカードを裏返して色を見る。色の組み合わせによって，［特等］5枚とも同じ色，［1等］4枚が同じ色，［2等］5枚とも別々の色，［3等］3枚が同じ色，［4等］2枚が同じ色が2組，という賞を出す。

＊メモ＊

5枚中5枚が同色になる確率は $\dfrac{1}{5^4} = \dfrac{1}{625}$

5枚中4枚が同色になる確率は $\dfrac{1}{5^3} \times 4 ≒ \dfrac{1}{31}$

5枚とも別々の色になる確率は $\dfrac{4}{5} \times \dfrac{3}{5} \times \dfrac{2}{5} \times \dfrac{1}{5} ≒ \dfrac{1}{26}$

5枚中3枚が同色になる確率は $\dfrac{1}{5^2} \times \dfrac{4^2}{5^2} \times 10 = \dfrac{32}{5^3} ≒ \dfrac{1}{4}$

5枚中2枚の同色が2組になる確率は $\dfrac{1}{5^2} \times \dfrac{3}{5} \times 12 = \dfrac{36}{5^3} ≒ \dfrac{1}{3.5}$

56 Where are you from？ビンゴ 〈ゲーム〉

■Where are you from？

○用意するもの
・右ページの表をコピーしたもの（人数分。人数が25名未満のときは，不足する数だけあらかじめ国名を◯で囲んでおく。たとえば20名なら5つ囲んでおく）。あらかじめ，1枚ごとに，国名のどれか1つに☆印をつけておく（できるだけ，違う国名に☆印をつけていくようにする）。

○進め方
① 教師は表に出てくる国名を解説し，その発音をクラスで練習する。
② 全員に表を配る。
③ 全員がバラバラになり，出会った相手とじゃんけんをして，勝った人が"Where are you from？"と質問する。負けた人は，自分の表の☆印の国名を使って，たとえば"I'm from India."などと答える。勝った人は自分の表のINDIAを◯で囲む。
④ このようにゲームを進め，早くビンゴ（◯が5つ，タテかヨコかナナメに並ぶ）になった順に勝ちとする（◯には，あらかじめ☆印がついている自分の国名も加えてよい）。

＊バリエーション＊

・国名を人名に変えれば，"What's your name？""My name is ○○."の練習ができる。また持ちものの名前に変えれば，"What do you have？""I have ○○."の練習ができる。
・ビンゴは応用の幅が広い。以下にそのもっともオーソドックスな例を示す。
① 4×4のビンゴ表，そしてその下に復習させたい16の単語を列記したプリントを全員に配り，一定の時間をとって，各自がその単語をバラバラに表に記入した上，その意味を書き添えるようにさせる。意味を忘れた単語があれば，周りの誰かにたずね，全員がすべて記入するように指導する。
② 全員がすべて記入し終わったところで，教師はサイコロを振り（あるいは生徒の誰かに振らせ），たとえば4が出たら列記したうちの4番目の単語を，次に5が出たらさらに5つ先の単語を，次に2が出たらさらに2つ先の単語を……と順に読み上げていく（列記した単語が終わったら最初に戻る）。生徒は各自の表に◯をつけていき，ビンゴを競う。

BINGO

CHINA	RUSSIA	AUSTRALIA	FRANCE	MEXICO
SPAIN	AMERICA	KOREA	NEW ZEALAND	BRAZIL
KENYA	SWEDEN	ISRAEL	PERU	IRAN
ITALY	CUBA	ENGLAND	INDIA	SOUTH AFRICA
CANADA	GREECE	PHILIPPINES	GERMANY	EGYPT

57 超能力ゲーム

ゲーム

❋Is it ～?

○用意するもの
- 右図のようなわくの中に，9種類の動物の絵（pp.116～117の絵を拡大コピーして利用してもよい）をはりつけたもの。あらかじめ黒板にはっておく。絵のどこを指すかが問題になるので，なるべく大きなわくがよい。
- 先のとがった棒。

○進め方
① 教師は，生徒全員に，今から選ぶ生徒には超能力があり，ほかの生徒たちが9つの動物の中からどの動物を選んだかを当てることができる，と説明する。
② 教師がクラスの中から超能力少年（少女）の役をする1人の生徒を選び，クラスの前に出す（超能力少年（少女）には，日ごろ目立たない生徒を選ぶことが望ましい）。教師は超能力少年（少女）にトリックを説明する（ほかの生徒に聞こえないように）。
 ＊トリック　教師がわくの□の右上を指して質問したら，その次に指す動物が正解。
③ 教師は超能力少年（少女）に後ろを向かせ，ほかの生徒たちに，9つの動物の中から答えとなる1つの動物を選び，決まったら教師に伝えるように言う。このとき，超能力少年（少女）に答えがわからないよう注意する。
④ 答えが決まったら，教師は超能力少年（少女）に前を向かせ，先のとがった棒で絵を1つずつ指しながら下の例のように質問していく。
　［例］　さるの絵を指しながら Is it a monkey? と質問する。
⑤ 超能力少年（少女）は正解がくるまで "No." と答え続け，数回目に正解をぴたりと当てる。

＊メモ＊

「ブラックゲーム」と呼ばれるゲームの変形。ブラックゲームは，ふつうの家の居間などでおこなわれるもので，何か黒いものを指したら，その次のものが正解というトリックになっている。

58 伝言ゲーム

ゲーム

※文（語句）の理解

○用意するもの
- 以下の例に示したような文あるいは語句。

  [例]　the new house　　　　　　　Is Kenji your brother?
  　　　an old chair　　　　　　　　This house isn't old.
  　　　that tall tree　　　　　　　　Is that man a teacher?
  　　　your white dress　　　　　　The white car is mine.
  　　　the fast plane　　　　　　　Jack is Mary's son.
  　　　my very small watch　　　　My sister's bag is red.
  　　　That table is long.　　　　　Are you my father's friend?

○進め方
① クラスを6〜7人ずつのグループに分け，各グループを1列縦隊に並んで立たせる。
② 教師は各グループの先頭の生徒を集め，あらかじめ用意しておいた短い英文（あるいは語句）を小さな声で伝える（文を書いたカードを先頭の生徒に見せる，という形式でもよい）。
③ 先頭の生徒は列に戻り，2番目の生徒の耳にその英文をささやく。以下，2番目の生徒は3番目の生徒に，3番目の生徒は4番目の生徒にと，その英文をささやき声で伝えていく。その際，その声がほかの人に聞こえないように注意する。
④ 最後の生徒は自分が聞いたとおりの英文を教師に報告に行く。正しい文を早く伝えたグループの順に勝ちとなる。

＊メモ＊
- 用意する英文（語句）は，生徒のレベルによって変える。
- 正しい文をもっとも早く伝えたグループには10点，2番目には7点，3番目には5点などと得点を決めておき，数回おこなって競わせてもよい。

59 落とし穴ゲーム

ゲーム

単語のつづり1

○用意するもの
- apple, orange, rabbit, pencil など，5あるいは6字からなる単語を示す7～8枚の絵カード。

○進め方
① 教師は用意した絵カードを1枚ずつ示し，黒板にその単語のつづりを書く。すべての単語のつづりを紹介し終わったら，つづりを消し，絵カードを黒板の隅に並べてはっておく。
② 教師は黒板に ＿＿＿＿＿＿＿ のように線を引く。これはクイズの答えとなる単語が6字からなっていることを示す。教師はそれが①で紹介した単語のうちの1つであることを生徒に告げる。
③ 生徒は順番にアルファベットの1つを言っていく。たとえば最初の人が「a」と言ったとして，もしそれがこの単語に含まれていれば，教師は ＿＿ a ＿＿＿＿ のように含まれている位置にそのアルファベットを書き入れる（2カ所含まれていれば，2カ所とも書き入れる）。含まれていなければ，教師は黒板に右ページのような絵を，描き順にしたがって描いていく。
④ 絵が描き順の⑩まで進み，絵の中の人が落とし穴に落ちれば生徒の負け。その前に答えを当てれば生徒の勝ち。

＊メモ＊

- このゲームは「ハングマン（Hangman）」と呼ばれるゲームの絵だけを変えたもの。本来1対1でするゲームなので，生徒同士が休み時間に遊ぶようになる可能性もある。授業でも何度やっても飽きがこない重宝なゲーム。
- 生徒が基本的な単語をおぼえてからは①は不要になるが，その場合もかならず授業で扱ったことのある単語を出題する。
- 長い単語ほど正解が出やすくなる傾向がある。長い単語ほど含まれるアルファベットの数が多くなり，当たる確率が高くなるため。

生徒が言った順番

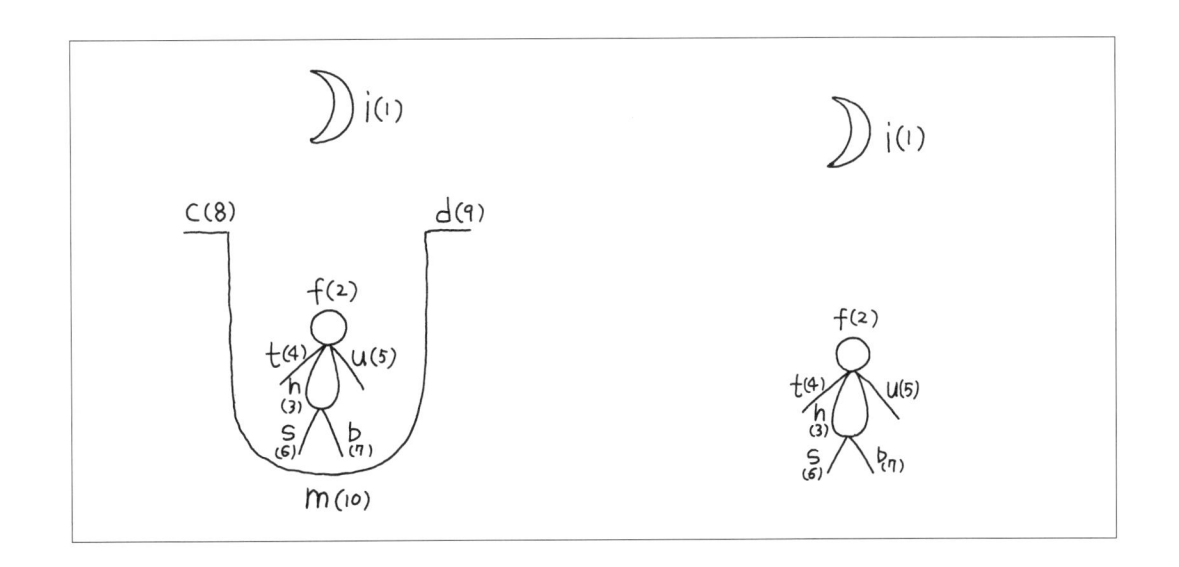

ⓐ → i → f → ⓔ → h → t → u →
s → ⓡ → b → ⓝ → c → d → m

生徒が言った順番

ⓐ → i → f → ⓔ → h → t → u →
s → ⓡ → b → ⓝ → ⓞ → ⓖ

_ r a n _ e
⬇
生徒の負け

o r a n g e
⬇
生徒の勝ち

描き順

① ② ③ ④ ⑤
⑥ ⑦ ⑧ ⑨ ⑩

60 オークションゲーム

ゲーム

※2けたの数字

○用意するもの
- 前回の授業時に，オークションにかける品物を1人1品ずつ持参するよう生徒に指示する（品物は紛失したり壊れたりしても困らないものにする。図工の時間につくったペン立てを骨董品(こっとうひん)に見立てる，といった姿勢でいく）。
- ドル紙幣(しへい)（右ページを各グループに2枚ずつコピーしたもの。1グループにつき50ドル2枚，20ドル2枚，10ドル4枚，5ドル2枚，1ドル10枚），はさみ。
- シールを人数分（価格を書いて品物にはりつけるもの）。
- 木槌。

○進め方
① 1から100までの数え方をクラスで練習する。
② 教師は生徒を4～5人ずつのグループに分け，各グループにドル紙幣のコピー2枚（200ドル分）と人数分のシールを配る。生徒ははさみでドル紙幣を切り分ける。また持ち寄った品物に合計200ドルになるように「適正価格」をつけ，それぞれの価格をシールに記入して品物の底や裏にはりつける。またグループに1人の「会計係」を決めておく。
③ 代表者のじゃんけんで順番を決め，グループごとに教卓に出て，1人ひとりが自分の持参した品物を示してオークションにかける。その際，A beautiful clock！などと英語で紹介する。
④ 品物を買いたい生徒は手を挙げて"20 dollars!"などとコールし，グループ対抗でせりをおこなう。落札したら，売り手は"45 dollars!"などと落札価格を叫んで木槌(きづち)で教卓をたたき，次の人と交代する（次のオークションがおこなわれているあいだに，落札したグループの人は売り手のグループの会計係に支払いをし，品物を受け取る）。
⑤ すべてのグループのオークションが終わったら，グループごとに購入した品物の適正価格（シールに記入された価格）の合計と残金を加算する。合計の数字の大きい順に勝ちとなる（加算額の平均は1グループ400ドルになるはず）。

＊メモ＊

1グループが5人であれば，5品目で適正価格の合計が200ドルなので，1品目の平均価格が40ドルになることを，買い手は頭に入れておいた方がよい。

------で切って使ってね！

61 買いものゲーム

ゲーム

❖I'd like to ～ など

○用意するもの
- 生徒が商品を描くためのカードを150枚(25枚ずつに分けておく)。看板を描くための画用紙を6枚。ピン（あるいはセロハンテープ）を適当な量。
- 3種類の店×5種類の商品（例：果物屋 oranges, apples, strawberries, bananas, peaches。八百屋 carrots, potatoes, lettuce, tomatoes, cabbage。ぬいぐるみ店 bear, rabbit, panda, koala, penguin）の原価（1～4ドルが適当）を書いてコピーしたものを6枚。次頁⑧があるのでこれを2種類。
- p.103のドル紙幣をコピーしてはり合わせ，5ドル札×3枚，1ドル札×7枚にしたプリントを人数の半数（40人のクラスなら20枚）。
- クレヨン（あるいはクレパス，色えんぴつなど），はさみ（各自に持参させる）。

○進め方
① Hello. May I help you? I'd like ～. (I want ～.) Here you are. How much? 5 dollars, please. など，商店でのやりとりの言い方をクラスで練習する。
② 教師は全体を半数ずつ売り手側と買い手側に分け，さらに売り手を6つのグループに分ける。売り手のグループは机を並べて商店の店先とする。店は果物屋，八百屋，ぬいぐるみ店を各2軒ずつとし，代表者のじゃんけんで店の種類を選ぶ。
③ 教師は売り手のグループにそれぞれ25枚のカード，1枚の画用紙，ピンを配る。買い手にはドル紙幣のプリントを1人に1枚ずつ配る（自分で切り分けさせる）。
④ 売り手たちは手分けし，指示された商品の絵を手早く描く（1グループあたり5種類×5枚。買い手たちが適当にこれを手助けする）。また看板の文字と絵を描く。

⑤ 描き終わったころに，教師が商品の原価を書いたプリントを各グループに渡す。売り手たちはすべての絵の裏にその数字を記入し，相談してそれぞれの商品の売値を決める。

⑥ 商品が並び，看板が下がったところで開店となる。売り手と買い手は最初に練習した英語のやりとりをしながら商品を売買する。同じものを売っている店が2軒ずつあるので，買い手は値段を比較しながら買ってもよい。

⑦ 買い手たちのお金がなくなったらゲーム終了（1人あたり4〜5個買える）。買い手は，買った商品の裏面の原価を合計し，その数字の高い順に勝ち（残金があったとしても，それは加えない）。売り手は，売上金から売れた商品の原価を差し引いた数字（つまり純益）を計算し，その数字の高い順に勝ち。

⑧ 売り手と買い手を交代して同じゲームをする。商品は1回目に使った絵をもう1度使う。ただし裏面の原価は消し，教師に渡された新しい原価表の数字を記入しなおす。看板やドル紙幣も同じものを使う。

＊メモ＊

- "How much?" "5 dollars." のやりとりをさせるため，売り値は商品の絵に書き込まない。
- 残金がわずかになったとき，値切って買うのを認めることにしてもよい。また売れ行きの悪い商品を途中から値下げするのを認めてもよい。

62 インタビューゲーム
What do you do in your free time?

◯用意するもの
- 5つの項目を記入できる表のついたカード（人数分）。

◯進め方

① 教師は「暇（ひま）なときにすること」を生徒たちに挙げさせ，その中からみんなで10項目を選ぶ。教師はそれを英訳し，黒板に並べて書く。それはたとえばwatch TV, watch video, talk with friends, talk with a friend on the phone, read books or comics, listen to music, enjoy sports, play the guitar (the piano), go fishing, sing karaoke などとなる。生徒は各自その項目の中から1つを選ぶ。

② 全員がバラバラになり，出会った相手と What do you do in your free time? I talk with my friends. How about you? I play the guitar. といった会話をして，それぞれ相手の答えをカードに記入する。これを各自5人の相手と繰り返す。相手に対する返答は毎回同じものとする（最初に選んだ項目を途中で変更することはできない）。

③ 全員が5人にインタビューし終わったら，教師は各自が10項目のうちどれを選んだかを挙手させ，その人数を黒板に書いてある項目の横に記入していく。その上で，もっとも人数の少なかった項目に10点，その次に少なかった項目に9点，……もっとも人数の多かった項目に1点と点数を与える。生徒たちは自分のカードに記された項目の点数を合計する。その数の大きい順に勝ち。

＊ バリエーション ＊

「暇なときにすること」のほかに，「好きな食べもの」(What's your favorite food?)，「好きな動物」(What's your favorite animal?)，「好きなスポーツ」(What's your favorite sport?)，「将来なりたいもの」What do you want to be?) などをテーマにすることができる。

63 反対語神経衰弱

ゲーム

❉ 単語の理解 1

○用意するもの
・名刺大のカード（40枚×グループ数）。
・太めの水性ペン（油性のペンはカードの裏側に染みてしまう）を生徒に持参させる。持っていない場合はクレヨンなどで代用する。

○進め方
① クラスで new—old, long—short, hot—cold, near—far, early—late, right—wrong, easy—difficult, hard—soft, rich—poor, high—low の10組の反対語を勉強する（p.17のクイズ「9 反対語」とセットにしてもよい）。
② 生徒を5〜6人ずつのグループに分ける。各グループは机を寄せてゲーム用のテーブルをつくり，着席する。教師は各グループに40枚ずつのカードを配る。各グループで，手分けして，水性ペンで10組の反対語を1枚に1語書いていく（1語につき2枚ずつ）。
③ 各グループでディーラーを決め，ディーラーはカードをよく混ぜて裏返しに並べる。以下，トランプの神経衰弱の要領で，順番に2枚のカードを開いて反対語であればそのカードを取る，という形でゲームを進めていく（カード2枚を開いたとき，それぞれの語を発音する）。2枚が反対語でなくても，すぐにはもとに戻さず，ほかの生徒たちがカードを見る時間を与える。

― ＊ バリエーション ＊ ―

「反対語神経衰弱」は神経衰弱を利用したゲームの中では上級の部類に入る。初級用としては，動物，学用品，果物などの4枚1組の絵カードを用い，生徒はカードを開きながらその単語を発音する，という形式がある。

64 対語・反対語ジェスチャーゲーム　ゲーム
◆単語の理解2

◯用意するもの
- 対語や反対語を1組ずつ記したカード（例：boy—girl, man—woman, father—mother, king—queen, teacher—student, summer—winter, young—old, hard—soft, strong—weak, busy—free, rich—poor, easy—difficult, light—dark, heavy—light, rain—snow, day—night, doctor—nurse, actor—actress, east—west, breakfast—dinner, land—sea, sun—moon, coffee—tea など）。
- ベル（あるいは鈴，タンバリンなど）。

◯進め方
① 生徒の中から専従の時計係を選ぶ（教師がしてもよい）。
② クラスをAチームとBチームの2つに分け，各チームから1人ずつ選手を選び，前に出す。
③ 教師は前に出た2人の選手に対語のカードを見せる（ほかの生徒たちには見せない）。時計係の合図とともに，まずAチームの選手がその対語（たとえばbusyとfree）をジェスチャーで表現する。Aチームの生徒たちは，答えがわかりしだいそれを叫ぶ。
④ 30秒以内に正解が出ないときは，時計係がベルを鳴らし，同じことをBチームの選手がおこなう。これを正解が出るまで繰り返す。
⑤ 正解が出たら，今度はBチームの選手が先攻で同じことをする。2ゲームが終わったら両チームとも選手を交代し，次の2ゲームをおこなう。
⑥ あらかじめ決められた時間ゲームを続け，正解数の多い方のチームを勝ちとする。

─＊メモ＊─
- ジェスチャーゲーム（英語ではcharade［シャレイド］と言う）は，泳ぐまねをしながらWhat am I doing? とたずね，You are swimming. と答えさせるタイプが基本だが，これではやや面白みに欠ける。それに対し，この対語ジェスチャーゲームは，内容が抽象的であるだけにむずかしく，また面白い表現が期待できる。「海と陸」をジェスチャーでどう表現できるだろうか？
- 示された対語の意味を知らない生徒が出た場合は，教師がさりげなく教える。

65 きらいなものはどれ？

ゲーム

don't と doesn't

○用意するもの
　なし。

○進め方
① "I don't like ○○." "He (She) doesn't like ○○." の文を板書し，クラスで練習する。
② クラスの各列から生徒を1人ずつ前に出させ，列の生徒たちに向かって立たせる。そして，前に出た生徒に，3つのもの（たとえば carrot, celery, green pepper）の中からきらいなものをそれぞれ決めさせる（実際にきらいでなくてもよい）。
③ 座っている生徒たちに，自分の列の前に出た生徒がきらいなものを推測させる。
④ 最初の列の生徒全員を立たせ，推測した結果を1人ずつ "Masao doesn't like carrot." などと言わせていく（Masao はその列の前に出た生徒の名前）。その列の全員が言い終わったところで，Masao が "I don't like green pepper." などと正解を言う。当たらなかった生徒は座り，当たった生徒はそのまま立っている。
⑤ 同じことを，全列で繰り返す。
⑥ 全列が終わったら，座っている生徒の中から1人選び，先ほどとは別の3つのもの（たとえば umeboshi, natto, takuan）の中からきらいなものを決めさせる。そして，クラスの右半分で立っている生徒にそれを当てさせ，当たった生徒だけがそのまま立っている。
⑦ 同じことを，クラスの左半分で立っている生徒についてもおこなう。
⑧ 再び，座っている生徒の中から1人選び，今までとは別の3つのもの（たとえば cheese, yogurt, mayonnaise）の中からきらいなものを決めさせる。そして，まだ立っている（2回正解し続けている）生徒にそれを当てさせる。当たった生徒（3回とも正解だった生徒）が勝ちとなる。

66 単語つなげゲーム

ゲーム

🔸単語のつづり２

○用意するもの
- タテ4cm，ヨコ3cm前後のカードを50枚×グループ数。
- 油性のマーカー，ペンなど（各自に持参させる）。

○進め方
① クラスを4～5人ずつのグループに分ける。各グループは机を寄せてゲーム用のテーブルをつくり，着席する。
② 教師は各グループに50枚ずつのカードを配る。各グループは，手分けして，マーカー（ペン）で各カードに1つずつアルファベット（小文字）を記入していく。カードはe（4枚），a，i，t（各3枚），c，d，f，g，h，l，m，n，o，p，r，s，u，w，y（各2枚），b，j，k，q，v，x，z（各1枚）の計50枚とする。
③ カードができたところで，ゲームを始める。各グループは，2分の制限時間内に，カードをつなげてできるだけ多くの単語をつくる。単語は例のようにタテ（上→下）・ヨコ（左→右）につないでいってもよい。
④ 2分の制限時間が過ぎたら，教師はストップをかけ，各グループを回って，単語をつくっているカードの数をメモする。この数がそのグループのその回の得点となる。つづりまちがいがある場合は，その単語は得点にカウントしない（あるいは一定の減点をする）。
⑤ これを数回繰り返し，合計得点を競う。ただし，1度出た単語は使えない。

a	p	p	l	e
	i			
	a	n	t	
	n		e	
	o		a	

─ ＊メモ＊ ─
何クラスでもおこなう場合には，アルファベットをコピーし，それにラミネーターでフィルムをかけたものを使うとよい（ラミネーターは学校に備わっていなくても，教育委員会などにあるはず）。

67 単語しりとり

ゲーム

※単語とそのつづり5

○用意するもの
　なし。

○進め方
① クラスの列ごとの対抗戦とする。クラスに6つの列があるとすれば，黒板を6つの区画に仕切る。
② 教師は各列の先頭の生徒に1本ずつチョークを渡し，たとえば「bで始まる単語！」と叫ぶ。先頭の生徒は黒板の自分たちの区画にbで始まる単語を1つ書く。列のほかの生徒たちは，つづりまちがいを発見したら，大声で訂正をうながす。書き終わったら列に戻って2番目の生徒にチョークを渡す（2番目の生徒はチョークを渡されるまで席を立ってはならない）。
③ 2番目の生徒は前の単語の下（あるいは横）に，その単語の最後の文字で始まる単語を書く。こうして，各列の生徒は，2分の制限時間内にできるだけ多くの単語をしりとりで書いていく。
④ 2分の制限時間が過ぎたら，教師はストップをかけ，各列の単語数を数える。その数がその列のその回の得点となる。つづりまちがいがあったら，その単語は得点にカウントしない。
⑤ これを数回繰り返し，合計得点を競う。ただし，1度出た単語は使えない。

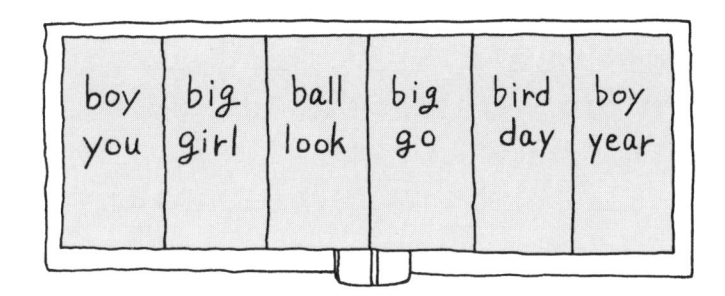

―＊メモ＊―――――――――――――――――――――――――――
　eで終わる単語は多いが，その割にはeで始まる単語は多くない。この傾向はnやkなどにも見られる。yで終わる単語はいくつかあるが，yで始まる単語はそれより少ない。xにいたっては，これで始まる単語はほとんどない。これらの情報は，あらかじめ示すのではなく，ゲームの途中でさりげなく伝える方がよい。

68 Family Tree ゲーム

ゲーム

❖単語の理解3

○用意するもの
- 右ページをコピーしたもの（クラスの人数より10枚少なく）。
- のり，はさみ（各自に持参させる）。
- 次の1〜10を1つずつ，番号もつけて記入した10枚のカード。

    1. My name is Bill.　Tom is my son.
    2. My name is Becky.　Bill is my husband.
    3. My name is Judy.　Becky is my sister.
    4. My name is Dick.　Bill is my brother.
    5. My name is Bob.　Dick is my uncle.
    6. My name is Cathy.　Judy is my aunt.
    7. My name is Dora.　Bill is my son.
    8. My name is Fred.　Dora is my wife.
    9. My name is Jim.　Bob is my grandson.
    10. My name is Betty.　Judy is my daughter.

○進め方
① 教師はクラスから女子5人，男子5人の生徒を選び，前に出させる。残りの生徒に次ページのコピーを1枚ずつ配り，下の名前を1つひとつはさみなどで切り離させる。
② 用意したカードを前に出た生徒に1枚ずつ配り（女子には女性の名前のもの，男子には男性の名前のものを配る），番号順に並ばせて，1から順に読み上げさせる。10の人が読み終わったら，もう1度1から読み上げさせる。
③ 残りの生徒たちは，読み上げられた情報をもとに，絵の上に名前をはりつけていく。生徒たちは，「○○さん，もう1回お願い」などと繰り返して読み上げるのを求めることができる (Please read it again. など，英語を使うのもよい)。
④ 教師は最後に正解を示し，生徒たちは正しくはりつけているかどうかを自分でチェックする。

＊メモ＊

カードのセットを何種類かつくっておき，グループ対抗で数回おこなう形式にもできる。

FAMILY TREE

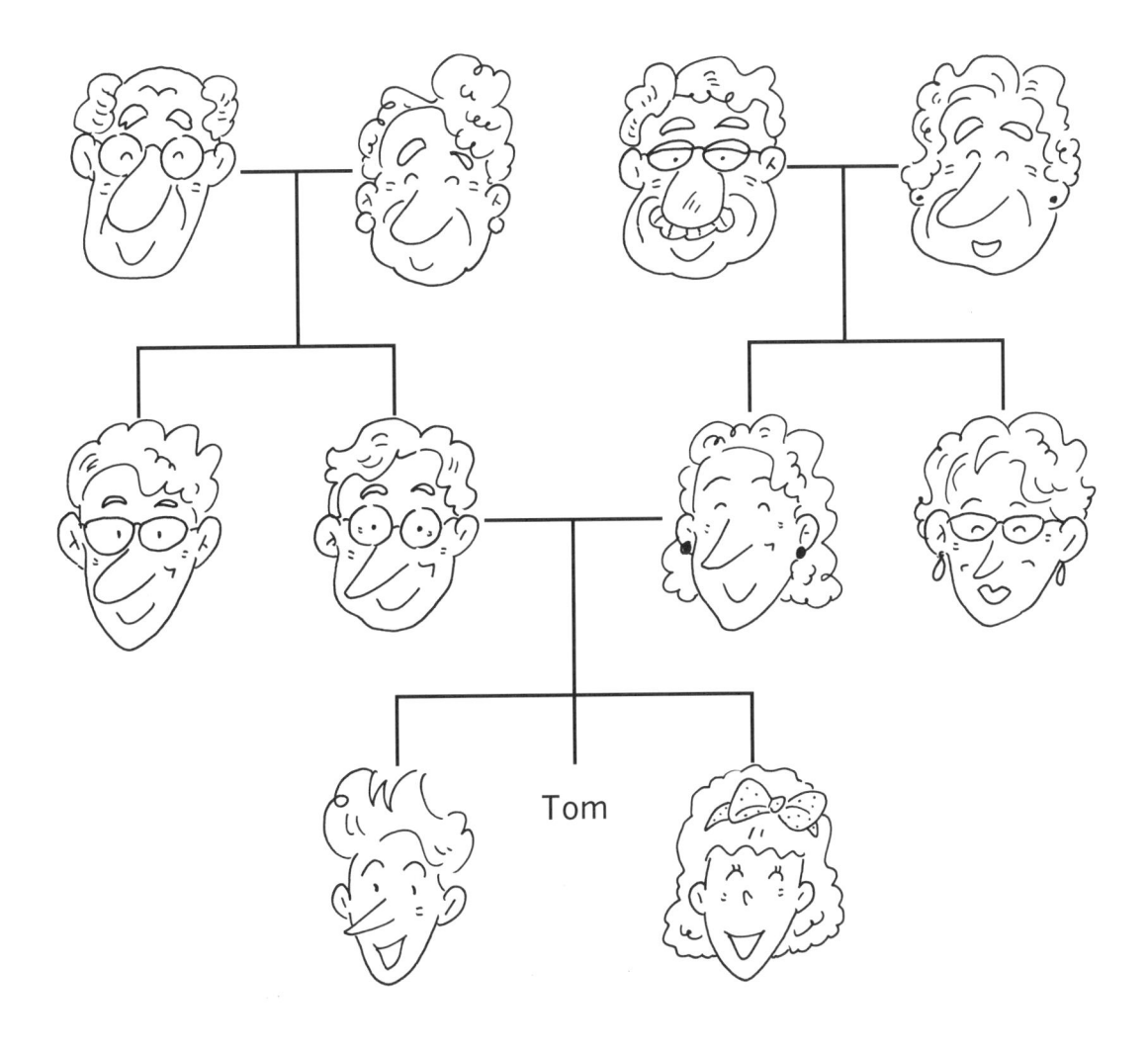

| Bill | Becky | Judy | Dick | Bob |
| Cathy | Dora | Fred | Jim | Betty |

Tom

69 説明ゲーム

ゲーム

❖単語の理解4

◯用意するもの
- 適当なむずかしさの単語。[例] Africa, animal, Asia, baby, bath, city, candle, calendar, cherry, cloud, coffee, computer, bicycle, diary, dictionary, Europe, factory, farm, floor, fox, frog, guitar, gun, hammer, helicopter, hill, horse, island, king, monkey, nose, policeman, park, radio, rice, river, rope, smoke, stamp, stone, street, taxi, tennis, test, textbook, tiger, town, vegetable, violin, volleyball, wall, window
- ベル（あるいは鈴，タンバリンなど）。

◯進め方
① 生徒の中から専従の時計係を選ぶ（教師がしてもよい）。
② 黒板の前に，黒板を背にしていすを2脚用意する。クラスをA，Bの2チームに分け，各チームから代表を1人ずつ出させて，用意したいすに座らせる。
③ 教師はあらかじめ用意していた単語を1つ黒板に書く。いすに座った2人にだけはそれが見えない。
④ 先攻はAチーム。時計係の合図で，Aチームの生徒たちは口々に黒板の単語に関係した英語の単語を叫ぶ。単語だけでなく，語句や文章でもよい。いすに座ったAチームの代表は，答えがわかりしだいそれを言う。
⑤ 15秒たっても正解が出なかったら，時計係がベルを鳴らし，今度はBチームの生徒たちが15秒間で同じことをする。正解が出るまで，これを繰り返す。
⑥ 正解が出たら，今度はBチームの先攻で同じことをする。両チームが終わったら代表が交代してゲームを進め，両チームが同じ回数を終えた後，正解数が多かったチームを勝ちとする。

＊メモ＊
- 生徒の力しだいで，なるべく文章の形で説明するように指導してもよい。
- 生徒の力が高い場合には，方向を逆転させて，前に出た代表が説明し，チームメイトがそれを当てるという形式でおこなうこともできる。

70 動物当てゲーム

ゲーム

❈ 疑問文のつくり方

○用意するもの
- pp. 116～117 を拡大コピーしたもの（それぞれの絵がクラスの後ろの生徒にも十分に見える程度の大きさに拡大。適当に切り離してもよい）。
- Yes か No で答えられる質問の例。

　[例]　Are you big?
　　　　Are you strong?
　　　　Do you eat grass?
　　　　Do you eat other animals?
　　　　Are you good at swimming?
　　　　Do you live in a river?
　　　　Do you live in a jungle?
　　　　Is your color black?
　　　　Do you have a big tail?
　　　　Do you run fast?

○進め方
① 教師はコピーした絵を黒板にはり，質問の例を板書する。動物のうち，hippopotamus, crocodile, giraffe, squirrel などが何であるかを説明し，発音を練習する。
② 教師は「私は今からこれらの動物の中のどれかになります。私が何か当ててください」と言う（どの動物になるかは頭の中で決めておく）。
③ 生徒たちは，質問の例を参考にしながら，Yes か No で答えられる質問を教師にしていき，教師の答えから教師が何になっているかを当てる。もちろん例にない質問をしてもよい。10 回以下の質問で正解が得られれば生徒の勝ち。

―＊メモ＊―
- 教師対生徒ではなく，生徒同士の対抗の形式にすることもできる。
- 生徒の力によっては，質問のリストを示さないでゲームを進めてもよい。

fox

snake

bear

sheep

crocodile

tiger

cow

beaver

rabbit

panda

wolf	giraffe
monkey	hippopotamus
lion	deer
elephant	horse
squirrel	koala

著者紹介

石戸谷　滋

昭和23年生まれ。東北大学文学部卒業。岡山大学教養部助教授を経て，現在は学習塾を営む。
著書に『和製英語アメリカを行く』(大修館書店)，『英単語はどこからきた』(恒河舎，真鍋との共著)，『英語のドレミファ1　英文法は楽しい』『英語のドレミファ2　英単語は楽しい』『英語のドレミファ3　英作文は楽しい』『知っている単語がどんどん増えるスーパー英単語分類帳』『クイズで解決！　英語の疑問112』『恥ずかしくて聞けない英語の基礎・基本62』(以上黎明書房，真鍋との共著) などがある。

真鍋　照雄

昭和20年生まれ。弘前大学教育学部中退後，私塾を開き，今日に至る。
著書に『英単語はどこからきた』(恒河舎，石戸谷との共著)，『自分さがしの旅の始まり』(学事出版)，『学長からの手紙』(自費出版)，『英語のドレミファ1　英文法は楽しい』『英語のドレミファ2　英単語は楽しい』『英語のドレミファ3　英作文は楽しい』『知っている単語がどんどん増えるスーパー英単語分類帳』『クイズで解決！　英語の疑問112』『恥ずかしくて聞けない英語の基礎・基本62』(以上黎明書房，石戸谷との共著) などがある。

イラスト：中村美保

英語クイズ＆パズル＆ゲーム70

2003年2月10日　初版発行
2008年8月5日　10刷発行

著　者	石戸谷　滋 真鍋　照雄
発行者	武馬久仁裕
印　刷	株式会社　太洋社
製　本	株式会社　太洋社

発　行　所　株式会社　黎明書房

〒460-0002 名古屋市中区丸の内3-6-27 EBSビル
☎052-962-3045　FAX052-951-9065　振替・00880-1-59001
〒101-0051 東京連絡所・千代田区神田神保町1-32-2
南部ビル302号　☎03-3268-3470

落丁本・乱丁本はお取替します　　ISBN978-4-654-01709-6
© S.Ishitoya & T.Manabe 2003, Printed in Japan

| 石戸谷　滋・真鍋照雄著 | 四六・224頁　1800円 |

知っている単語がどんどん増える スーパー英単語分類帳

英語力が確実にアップする英単語の学習法を紹介。語源を通して楽しく効率的に記憶できるように工夫された, センター試験レベルのスーパー英単語帳！　知らない英単語の意味を類推する力も自然に身につく頼もしい本。

| 石戸谷　滋・真鍋照雄著 | Ａ５・183頁　1800円 |

英文法は楽しい

英語のドレミファ①　go の過去形はなぜ went かなど, 英文法を対話形式で楽しく「学ぶ」, 中・高校生, 教師必読の書。「覚える」英語の苦手な人も英語がおもしろくなる。

| 石戸谷　滋・真鍋照雄著 | Ａ５・180頁　1600円 |

英単語は楽しい

英語のドレミファ②　「海」を表す単語がなぜ"sea""marine"の2つあるのかなど, 英単語を語源で整理し, ヨーロッパの歴史や文化を交えて楽しく学ぶ。

| 石戸谷　滋・真鍋照雄著 | Ａ５・192頁　1800円 |

英作文は楽しい

英語のドレミファ③　誰もが悩む英作文のポイントを, アメリカ史の知識なども交えながらわかりやすく解説。同時進行のスペシャリスト／主語が3つもある文？／他

| 石戸谷　滋・真鍋照雄著 | Ａ５・125頁　1500円 |

クイズで解決！　英語の疑問112

英語のキホンから文法, 発音, ことわざ, 和製英語, 雑学, ジョークまで網羅！　一度は聞いてみたかった英語に関する112の疑問を, 三択や○×のクイズですっきり解決！

| 石戸谷　滋・真鍋照雄著 | 四六・176頁　1700円 |

恥ずかしくて聞けない英語の基礎・基本62

「どうして動詞の三人称単数現在形にはｓがつくのですか？」から「どうすれば英語ができるようになるの？」といった究極の質問まで明快に答えます。

| 仲田紀夫著 | Ａ５・168頁　1800円 |

恥ずかしくて聞けない数学64の疑問

疑問の64（無視）は, 後悔のもと！／「(−)×(＋)は, なぜ(＋)か？」「分数の割算は, どうしてひっくり返すのか？」などの数学上の疑問に道志洋数学博士が答える。

| 石田泰照・町田槌男著 | Ａ５・126頁　1500円 |

知っているときっと役に立つ 日本史人物クイズ112

日本史に登場する女性25人, 外国人10人を含む112人の意外な事実やあっと驚くことなどが三択式クイズに。興味深い一行知識付き。楽しく解いて日本史博士になろう！

| 石田泰照著 | Ａ５・126頁　1600円 |

日本を助けた外国人クイズ113

教育, 宗教, 芸術, 科学, 政治, 経済などの幅広い分野で日本に影響を与えた外国人113人の意外さ, すばらしさを三択式クイズで学ぼう。国際化時代の日本史力の向上に。

| 町田槌男著 | Ａ５・128頁　1500円 |

知っているときっと役に立つ 生き物クイズ114

「メスからオスに変わる魚ってなに？」「インゲンマメのつるを逆巻きにするとなにが変わる？」など, 生き物の生態が手軽に学べ, 子どもも大人も理科好きになる三択式クイズ。

| 大原綾子著 | Ａ５・125頁　1500円 |

知っているときっと役に立つ 四字熟語クイズ109

疑心暗鬼, 一気呵成, 千載一遇など, 知っていると便利な四字熟語を三択式クイズ, 虫食いクイズなどで楽しく学ぼう。使い方の実例と解説付きで日本語力アップ！

表示価格は本体価格です。別途消費税がかかります。

加藤幸次監修　四国個性化教育研究会編著　　　　　　　Ｂ５・128頁　2300円
学力向上をめざす個に応じた国語・数学・英語の指導（中学校）
学力とは何か，個に応じた指導とはどういうことかを明確にし，少人数指導，習熟度別指導など，一人一人の量的・質的個性に対応した多様な授業実践を，国語・数学・英語各5実践紹介。

浅沼　茂・松本光弘編著　　　　　　　　　　　　　　Ｂ５・126頁　2300円
中学校 個に応じる少人数指導
「数学」「理科」「英語」「地理」「公民」「選択」「総合的な学習の時間」での少人数指導の実践事例をもとに，効果的に少人数授業を行うために必要なカリキュラムと教育方法の工夫を紹介。

加藤幸次監修　成田幸夫・宮川啓一・山本眞理子著　　　Ｂ５・97頁　1900円
中学校の総合学習の第一歩
総合学習立ち上げまでの準備，指導体制と学習環境，総合学習の評価と通知表などについて詳述。過去20年間の経験に基づき，意義ある総合学習のあり方を追究。

小川信夫・現代教育文化研究所編著　　　　　　　　　　Ａ５・142頁　1700円
学級担任のちょっとした表現術入門
教師の新時代②　授業を楽しくする表現術，子どもを魅了する話し方・伝え方，人と人との絆をつくる表現術，学級・学校生活を豊かにする表現術，保護者との連携術などを紹介。

九州個性化教育研究会編著　　　　　　　　　　　　　Ａ５・142頁　1700円
特色ある教育活動を展開するための 地域の施設・人材活用法
教師の新時代③　地域の施設・人材を活用する際の考え方や手順，役立つ資料（協力依頼文書例，ボランティア募集要項例）やアイディアなどを実践を交えて提示。Ｑ＆Ａ付き。

加藤幸次・佐野亮子編著　　　　　　　　　　　　　　Ｂ５・122頁　2300円
学級担任が教える小学校の英語活動　英語で総合学習をしよう
ALTや英語の専科教師に頼らず，日本人である学級担任が，日本語に英語を混ぜながら進める「総合的学習」による，1～6年の新しい英語活動の実際を紹介。

寺本　潔著　　　　　　　　　　　　　　　　　　　　Ａ５・100頁　1700円
犯罪・事故から子どもを守る学区と学校の防犯アクション41
「学区」を核として，犯罪・事故から子どもたちの身を守る，「学校」「家庭」「住民」「子ども」のそれぞれが取り組む41の具体的な手立てを紹介。不審者はマスクをつけている？／他

諏訪耕一・馬場賢治・山本　誠・武田富子編著　　　　四六・208頁　1650円
ゆれる思春期の子どもとどうつきあうか　親も教師もともに変わろう
思春期の子どもの心に寄り添い，上手につきあうための方法を，学校内の対人関係，不登校などに分けて，現場の教師が経験した37事例とともに紹介。

米山正信・蔭山昌弘著　　　　　　　　　　　　　　　Ａ５・183頁　2200円
「失敗例」に学ぶ学校カウンセリングの心得
カウンセリングマインドを身につけるのに役立つ22の失敗例を，導入期の失敗，失敗による中断に分けて紹介し，失敗の要因をわかりやすく解説。

舟橋明男・福田光洋著　　　　　　　　　　　　　　　四六・167頁　1600円
知っているときっと役に立つ スポーツ指導の名言
「冷水の一杯が救命主」「中学生，持久走で心臓強化」など，運動生理学とスポーツ科学に基づいた的確な指導法を子どもたちに説明できるようわかりやすく紹介。新装版。

舟橋明男・橋本名正・小西文子著　　　　　　　　　　四六・196頁　1700円
知っているときっと役に立つ スポーツとからだの話33
「非利き足を追放しよう」「スポーツ栄養の三必勝法」など，スポーツを安全に楽しむのに役立つ大事なことを，スポーツ科学に基づいて説き明かした33話。新装・改訂。

表示価格は本体価格です。別途消費税がかかります。